中国科普大奖图书典藏书系

“北京人”的故事

刘后一 著

中国盲文出版社
湖北科学技术出版社

图书在版编目（CIP）数据

“北京人”的故事：大字版 / 刘后一著. —北京：中国盲文出版社，2019.12

（中国科普大奖图书典藏书系）

ISBN 978-7-5002-9067-4

Ⅰ.①北…　Ⅱ.①刘…　Ⅲ.①文化史—中国—普及读物　Ⅳ.①K203-49

中国版本图书馆 CIP 数据核字（2019）第 055656 号

“北京人”的故事

著　　者：刘后一
责任编辑：贺世民
出版发行：中国盲文出版社
社　　址：北京市西城区太平街甲 6 号
邮政编码：100050
印　　刷：东港股份有限公司
经　　销：新华书店
开　　本：787×1092　1/16
字　　数：163 千字
印　　张：17
版　　次：2019 年 12 月第 1 版　2019 年 12 月第 1 次印刷
书　　号：ISBN 978-7-5002-9067-4/K·222
定　　价：46.00 元
编辑热线：（010）83190266
销售服务热线：（010）83190297　83190289　83190292

目　录

CONTENTS

"北京人"的故事　001

- 故事的由来　// 001
- 猎　火　// 002
- 喂　柴　// 015
- 驱　兽　// 027
- 打　虎　// 037

山顶洞人的故事　053

- 故事的由来　// 053
- 捕　鱼　// 053
- 杀　象　// 063
- 学　艺　// 073
- 埋　尸　// 081
- 缝　衣　// 089
- 钻　木　// 097

半坡人的故事　120

- 今日向何方　// 120

Ⅱ "北京人"的故事

├ 张　弓　// 123
├ 种　粟　// 140
├ 驯　狗　// 154
├ 养　猪　// 164
├ 织　布　// 175
├ 制　陶　// 186
├ 画　符　// 198
├ 易　物　// 209
├ 计　数　// 222
├ 斗　械　// 233

附　录　253

├ 推荐《"北京人"的故事》　// 253
├ 饶有趣味　启人智慧
——《半坡人的故事》读后　// 255
├ 园外园丁的道路　// 257

选编后记　262

“北京人”的故事

故事的由来

张东火、方冰和刘小红是北京二七六中学的初中生。去年暑假他们学习了恩格斯的《劳动在从猿到人转变过程中的作用》和看了电影《中国猿人》后，对原始人的生活习性产生了浓厚的兴趣。于是他们来到北京猿人的故乡周口店，参观北京猿人展览馆，并请长期担任展览馆的讲解员和化石发掘指导的黄爷爷给他们讲有关“北京人”和“山顶洞人”的故事。

早已过了退休年龄的黄爷爷被他们的好学精神打动了。白天，他领着三个初中生在原始人类的遗址和展览馆里参观，有时还参加点发掘工作；晚上，给他们讲故事。

三个初中生把黄爷爷讲的故事，详细地做了记录，并进行了整理。下面就是他们的记录。

一 猎 火

蛾眉月儿快躲到西山背后去了。黄爷爷带着我们三个初中学生，爬上龙骨山顶，在一块大石头上坐了下来。晚风吹来，非常凉爽。

黄爷爷说：“你们要我讲故事，二三百万年的人类史，从哪儿讲起呢？”

“从猿人开始用火讲起吧！”张东火个儿瘦长，心急如火，抢先作了回答。

“对，就从猿人怎样开始用火讲起吧！”这意见立即得到小辫儿刘小红的同意。

原来，今天白天，我们参观了北京猿人遗址里的灰烬层，又在展览馆里看了烧过的石头、骨头、朴树子和紫荆木炭，对北京猿人在五六十万年前就开始用火有着深刻的印象。

黄爷爷看了戴着眼镜的矮胖子方冰一眼，见他没有反对，便说：“好，先从猿人开始用火讲起。不过，我有个要求：故事讲完后，希望你们多提问题，多提意见，这样，我下次就可以讲得好一些了。”

“行！”东火和小红齐声答应。

天气闷热得要命。

太阳已经偏西，照不到猿人洞口了，然而没有一丝丝风，山洞附近的树木花草，一动不动地呆立着，好像也闷得受不了似的。

山洞里虽然阴凉些，但是潮湿得很，地上湿漉漉的，石壁上也淌着一滴一滴的“汗珠”。

一个花白胡子的猿人老头儿，刚打制成几把石刀，仿佛浑身很不得劲儿，几十年来在他身上留下的伤疤都一齐在隐隐作痛。他只得停了下来，朝身边一个名叫小猴儿的孩子看了一眼。这孩子替老头儿到河边找了好几趟石块，现在也乏得躺着不想动弹了。老头儿怕他受凉，就吆喝了一声，左手拄了根大松树枝当拐杖，右手拉着小猴儿，一瘸一拐地走出洞去。

后边山上，传来了女猿人和孩子们的笑声、叫喊声，他们在采集着野果。东南河边平原上，男猿人们在怒骂着、呼叫着，他们在追赶着什么野物吧！

山洞外面似乎并不比洞里舒服。老头儿正打算拉着小猴儿回洞去，忽听“呼”的一声，一阵风从山后刮了过来。

刮大风了。一团乌云很快就把太阳遮住了。

风越刮越大，乌云也越积越厚，大地一下子就变得昏沉沉的。

老头儿知道大雷雨马上要来了，他立刻用两手合成筒形，套在尖尖的、遮满花白胡子的嘴上，向东南平原和后山呼叫了几声，就拉着小猴儿走回洞去。

紧跟着进来的，是一个叫阿鹿的青年女猿人。接着是几个笑着、叫着的女猿人和孩子，她们捧着、抱着连枝带叶的野果，有的还背着、抱着小娃娃。最后进来的是一个半老女猿人阿犹——她背着一个名叫小兔儿的女孩——和一个半老男猿人阿豫。

小猴儿立刻挣脱了老头儿的手，叫喊着迎了上去，从她们手上接过野果，藏到洞的深处。

“轰隆隆!”一声雷响，大雨点儿噼里啪啦地掉了下来。

一个叫阿马的青年男猿人，一手拿着棍棒，一手提着一只刚打到的小兔子，冒着急雨，冲了进来。接着，几个男猿人，手中拿着棍棒和石块，也叫喊着冲了进来。

他们放下手里的东西，从突出的眉脊上挥下雨滴和汗水，呵呵地喘着气，唧唧咕咕地嚷着。

“轰隆隆——嗵!”

一声巨响，地动山摇。一些砂石，从山洞顶上刷刷掉了下来。挤在一块儿的猿人们以为山洞要塌了，立刻一窝蜂似的从洞里蹿了出去，有的连随身带的棍棒都忘了拿。

来到洞外边，大伙就看到北山树林子里，一团黑烟冲上天空，一只通红的、没有一定形状的怪物正在吞吃着树木。那些豺狼麋鹿都慌慌张张地从树林子里冲了出来，东奔西窜，没命地逃。

“跑!”阿马大叫了一声，带头奔向河边，往东南方逃去。接着，男人、女人、孩子们也跟着乱窜。

"咦——！"老头儿打了一个唿哨，顺手拉住了跑在最后的阿豫和背着小兔儿的阿犹两个半老猿人。

"跑嘛——？"

他见大家停住了脚步，便放了阿犹和阿豫，挥舞着双手，叫了一声："来——！"

听老头儿一呼唤，大伙儿虽然心头还在突突地跳，可是都服从地走了回来。

"斯——火也！"

"火？"大家学着说了一声，你瞧着我，我瞧着你，都觉得挺新鲜。有几个年纪大点的还"哦"了一声，仿佛说，原来就是这个。因为他们多次听老头儿说过火这怪物，可是亲眼看见，这还是第一次。

接着，老头儿指了指北山的树林子，告诉大家："火——向东——河——过不去的；向这——水沟、石头——过不来的。"老头儿见大家安静了下来，就指手画脚地又一次给大家讲起了火的故事。

老头儿的话，简单粗糙，又结结巴巴的，不用翻译，我们现代人是听不懂的。不过当时他打了很多手势，做了很多动作，所以在场的猿人听得津津有味。后来，老头儿坐下来了，大家也就围着他坐了下来，听他慢慢地讲着。

这时，雨已停了，云散天青，太阳显得更加灿烂辉煌。但是，北山树林子里的火，还在熊熊地烧着。

“当我还是小猴儿这么大的时候。有一次，也是在一个闷热的下午，一阵大雷雨之后，‘轰’的一声，南边树林子烧着了。

“火比这次烧得还大，那时候我们比大家刚才还要害怕。一看到大火烧起来，就跟着那些鹿啊、兔啊，拼命地跑开了。

“跑啊，跑啊，跑得实在跑不动了，才停了下来。回头一看，火还是在南边树林子里烧着。它并没有像狼那样追了过来。

“老姆在叫唤，人们一个一个地跑回来了。老姆骂道：‘跑嘛——？斯——火也！’老姆说，这个，她听先人谈过多次的，也亲眼见过多次的，所以她就没有跑。

“据先人的先人传下来的话说：火不像狼，不会追着你跑的。它是被风推着，沿着树林子、草地跑的。只要你不站在它前面，它是咬不着你的。也许它压根儿就不想咬你，它爱吃的是干树枝、枯草，随吃随长，假如没有树枝、枯草吃，它就饿死了。

“很早很早以前，咱们的先人就想把火抓回来，如同想把狼抓回来一样。被火咬坏的先人不少；但是那些勇敢的先人们，只要看见了火，还是去抓的。”

老头儿说到这里，停了下来，深深地吸了一口新鲜空气。

“后来呢？”小猴儿抱着老头儿的脖子问。

“第二天下午，又下了一阵急雨，南边树林子的火大约已经死了。

“我那时可调皮了，什么也不怕，一心只想到那边去看看。我知道高个子巴多是想去抓火的，就怂恿他带着我，瞒着老姆，偷偷地到那边树林里去看。”

“你们看见什么了呢?”这时，阿鹿也忍不住发问。

“树木都焦枯了，林子里是一股闷热的空气，烟子呛得人难受，林边有些地方还在烧着。

“我们拿着棍棒，小心地走着，生怕什么野物蹿出来，然而林子里是静悄悄的。

“忽然，我看见了一只野物……”

小猴儿紧张起来，把老头儿的脖子搂得紧紧的。

老头儿轻轻地抚摸着他那披头散发的小脑袋，说:“别害怕。那不是活的，是一只小鹿，被火咬死在那里的。

“我们轻轻地走过去，一股香喷喷的气味冲了过来，使我忍不住伸手往鹿身上抓了一把。可不得了，不知道什么东西把我的指尖咬了一下。我不由自主地立刻把手缩了回来，指尖放到嘴边一吹。

“指尖上沾着一点点鹿油，我忍不住用舌头舔了一舔。我说，巴多，可好吃呢!

“巴多大胆地从死鹿身上撕下一块肉来，我们分着尝了尝。呀! 真香、真美，我是第一次吃这么好吃的东西，甭提比生肉好吃多少了。巴多也乐得大叫、大跳起来。

“后来，我们决定先把那只小鹿带回去，让大家都尝一尝。于是，巴多提起小鹿的两条后腿，我也帮着，连抬带拽地把它弄回了山洞。

“老姆骂我俩不听指挥，私自乱闯，本来要揍我们一顿，可是巴多要她吃完鹿肉再揍。老姆把鹿肉分给大家，大家吃得乐呵呵的。老姆咧开嘴巴，哧哧地笑，不但没有揍我们，反而把剩下的鹿头分给我和巴多去啃。

“后来，我们又一起都到南边树林里去过，大家都看到还没有死尽的火，胆大的还去拨弄了一番。我那时真是太调皮了，一心想把那怪物捉回来。我用木棒拨啊，挑啊，可是一个不小心，掉进了火坑里，要不是老姆、巴多他们拼命把我抱出来，我就被火吃掉了。”说着，老头指着胸脯上、腿上的几块伤疤说，“这就是那次给火咬了几口留下的痕迹。”

“后来呢？”小猴儿摸着老头儿胸脯上的疤痕问。

“当我是你这么大的时候，”老头指了指阿马说，“有一次，并没有打雷下雨，但天气很闷热，西山树林子里堆得很厚的枯枝烂叶里，忽然也蹦出了一只火，大吃树枝树叶，随吃随长，甚至想把整个树林子都吞下去。巴多立刻带我们到那儿去看。”

老头儿忽然问阿犹：“你那时候还小，大概忘了吧？”

阿犹说：“后来听说过，不是说，巴多就是那次被火咬死了吗？”

“是呀，巴多总是想去捉火怪。那一次，我们用树枝拴住了个小火怪，想带回洞里来。可是，当我们刚走出树林，小火怪又逃走了。巴多立刻又钻进林子，等我们赶上，他已经……”老头低下了头，说不下去了。

忽然，阿马指着北边树林子说：“我们也到那边去看看！”

他的话还没有说完，立刻就有几个年轻猿人跳起来响应。

可是年纪比较大的阿犹却摇摇头说：“不要去了吧！听说那家伙可凶了，多凶的野物都能被它咬死。”

“不要去了吧！”阿豫也摇着头说。

可是年轻人哪里制止得住，有的说，我们也去拖只被火咬死的小鹿回来吃吃；有的说，我们把那个叫“火”的怪物抓回洞里来。

这后一个提议，使得阿犹和阿豫怪叫起来，似乎是听说要把剑齿虎引到洞里来似的，说这一来不是会把大家都咬死了。可是阿马、阿鹿几个却很兴奋，说什么它要咬人，就不喂它树枝、枯草吃，饿死它；还说如果喂得好，从此经常可以尝到美味了。

老头儿认真听着两边的对话，一时拿不定主意。直到小猴儿说了一句话，才下了决心。

小猴儿说什么呢？他说：“应该让我们去，当初你怎么就去了呢？”

这一下大家都闹腾开了，七嘴八舌地嚷着：“去！去！去！”有的拔腿就要跑。

“嚷什么！”老头儿大喝一声，大家都安静下来，以为这一下去不成了。

可是老头儿接着说：“要去，多一些人去！”大家一听，乐得直蹦，你打我的胸脯，我捶你的脊梁，翻腾得像那跳跃的火焰。

老头儿挥着大手，叫大家安静下来，说：“一定要记住先人的话：不许站在火的前面，不许乱跑、乱动！”

他见大家都没意见，立刻下命令：“带娃儿的女人，体弱多病的，留着守洞；小孩子，不许去；其余的，跟我来！”

说着，老头儿拄着他那根松树拐杖，一瘸一拐地走在最前面，阿马、阿鹿等七八个年轻猿人在后面跟着，他们也都带了棍棒。

小猴儿本来是不许去的，但是他不听话，拉着阿鹿的手，夹在人群中间，偷偷地跟着去了。

老头儿领着大家跑过水沟，爬上了北山坡，又向西拐。他们绕过几处还在熊熊地烧着的火堆，向刚刚烧过的树林子里钻进去。

树林里烟雾弥漫，呛得人出不了气，眼睛直流泪，一股气浪迎面扑来，热得要命。

老头儿一马当先，小心翼翼地用拐杖开路。大家也学着他，用棍棒把烧过的树枝树叶拨向两边去。他们行进得很慢。

“松鼠！”小猴儿眼尖，他看见路边灰烬中躺着一只松鼠，就叫着跑过去想把它拾起来。

“你怎么来了？”走在前面的老头儿举起拐杖正要跑过

来揍他，可是小猴儿忽然“哎哟”了一声，往后跳了两跳，蹲了下去。

原来，他踩着了一段刚烧过的树枝。

“挨咬了吧，活该!”老头儿骂着，同时命令阿鹿好好看着他。

阿马小心地用棍棒把那只松鼠拨了过来，正好拨在小猴儿面前。这孩子忘记了痛，连忙拈起死松鼠的长尾巴尖，将它提了起来。

他们继续慢慢往前走，不一会儿，又捡到了一只兔子和一只豪猪。最后他们一齐欢呼起来，原来发现了一只大鹿，黑糊糊地歪在灰堆旁。它那对大角，妨碍它从烧着的树林里奔逃出去，终于葬身火海。

老头儿命令大家把找到的野物都放在一块。

走着，走着，阿马忽然惊叫起来，大家回过头去，只见他手里的树棍竟冒起烟来了。

“快丢掉!”有人在喊。

可是阿马舍不得丢掉，仍然将冒烟的树棍举在手里轻轻挥舞着。

前面更热了，不，更烫了，因为有的树枝还在烧着，噼噼啪啪地响，走不过去了，大家只好立着发愣。

忽然老头儿把松树拐杖伸向一丛烧着的树枝。拐杖烧着了!

阿马立刻学样，大家也都跟着，一根根树棍先后都着火了。

“带回去！”阿马说着，不等老头儿同意，举起烧着的树棍，就往回跑。

阿鹿也举起烧着的树棍，跟着他跑。

可是他们跑了没几步，火就灭了。

“要慢慢地走！”老头儿说。这时，他的松树拐杖烧得正旺，他从别的猿人手里接过一根烧着的树棍，和松树拐杖握在一起。小猴儿一见，立刻把手中烧着的树棍也递给了他。

阿马、阿鹿也从别的猿人手里要了几根烧着的树棍，和他们自己那一根凑在一起。

老头儿、阿马和阿鹿各举着几根树棍合成的火把，向林子外走去。刚出林子，火又要灭了。他们失望地转回身来，放下火把，火头朝着下倒提着，哪知道，火又着了。

经过大家多次来回实验，老头儿觉得他们摸到了一些火的脾气。于是，他命令：阿马、阿鹿，还有他自己，每人举一个火把，走在一起。其余的，扛着死鹿、提着豪猪和兔子，小猴儿还是提着他那只松鼠，往回走。

太阳早已下山，天色渐渐暗了下来，三个火把明晃晃地照着这支叫着、笑着的凯旋队伍。

对面，猿人洞前面，响起了其他猿人、孩子们的一片欢呼和惊叫，跟凯旋队伍的叫声、笑声遥相呼应，汇成一片。

这巨大的声音，震撼了小小的山谷，震撼了辽阔的原野，也震撼了整个世界。

新月早已下山。天空中万点银星，山脚下万家灯火。

“好！太好了！”小红在黄爷爷讲完故事后就喊了起来。

“好在哪儿呀？”东火向她瞪了一眼问。

“猿人们那么勇敢！”小红说，“而且他们多么聪明！通过‘科学实验’摸到了火的脾气，终于把火‘猎’回来！他们把火当成野兽似的！”

东火点了点头，也说：“是啊，人们开始是怕火的，可是他们通过实践，逐渐了解了自然的现象，进一步掌握了自然的规律性，这才从自然里得到自由。”

黄爷爷笑笑，看了看方冰说：“大家提些缺点吧！”

方冰用右手大拇指顶了顶眼镜的横梁，慢条斯理地说：“我认为这故事不真实。第一，原始人从第一次看见火到把火取回来，是无数代人经过一两百万年实践的结果，哪能是几个人一次完成的事呢……”

小红不等他说完，把小辫儿一甩，立刻反驳道：“哟，如果要这样讲，那这个故事不是得说两百多万年么？人物岂不也得换无数次么？”说得大家都乐了。

东火补充说：“故事里的老头儿不是说了，他听‘先人的先人’讲过火，这就代表在这次取火之前，甚至比北京猿人更原始的人已经经过无数次的实践了。”说完，看了看黄爷爷。

黄爷爷摸了摸雪白的胡子，笑着说：“大家看过这样的电影特写镜头吗？一个小小的花苞一眨眼就开成一朵大而鲜艳的花了。这是电影工作者采用了‘慢拍快放’的手法处理的结果啊！所以我也想学学这方法，把北京猿人几十万年的事，缩成几个月的事来讲哩！”

东火接着说：“在这个故事中，把猿人一两百万年的事缩成一天的事了。”

方冰对这些道理没有反对。

黄爷爷便问他：“还有第二、第三呢？”

方冰冷静地说：“第二，那时的人有名字吗？原始文化是由无数无名英雄创造的啊！第三，那时候猿人说的话能跟现代人一样吗？原始社会的语言是十分简单粗糙的啊！”

小红把小辫儿一甩，又立刻反驳：“哟，没有名字，没有对话，那还叫什么故事呀？那样的故事谁爱听呀？”

方冰说：“语言是与思想直接联系的，用了现代语言，岂不是把现代人的思想强加给猿人吗?”

小红一时想不出回答的话了，求援似的看了看黄爷爷。

黄爷爷说:“方冰的话是有道理的。但我讲的不是广征博引、言必有据的论文，而只是根据一些科学发现编出来的幻想故事罢了。如果能帮助你们学习点自然辩证法和历史唯物主义，我的目的就算达到了。”

东火一听这话，怕黄爷爷不讲了，连忙说:“不要紧!故事尽管讲，意见也尽管提……”

小红立刻接过他的话说:“反正我们明白，一朵花不会一眨眼就开出来，猿人也不会说现代普通话的。”

喂 柴

蛾眉月儿高高挂在西山上空，凉风一阵阵吹在人们身上。黄爷爷带着三个中学生，爬到龙骨山顶的一块大石头上，坐了下来。

刚刚坐定，小红就说:“火已经取回，这下没事了吧?”

东火抢着说:“不，事情更多了，首先得保存火，使它烧下去。”

小红把小辫儿一甩说:“咳，那还不好办，添柴呀!”

“哪有那么多柴呀!”东火说。

“嘿，”小红说，“到处都是青山，还怕没柴烧?”

“那也得人去打，”东火说，“而且又没铁斧。”

黄爷爷高兴地听着他俩争论，又看了看方冰。

方冰慢吞吞地说：“这都是与自然斗争，都好办；我担心的是：猿人们都同意把火取回吗?”

“咳，谁还会不同意?”小红喊道。

“别争了，”东火说，“还是听黄爷爷说吧!”

三把火炬像三朵鲜艳的花，在苍茫的暮色中闪烁浮动。两股欢呼声此起彼伏，渐渐接近，终于汇成了一片。

老头儿驼着背，举着那把燃烧得最旺的火炬，一瘸一拐地穿过欢呼奔来的人群，朝洞口走去。小猴儿紧跟着他，学着他的姿势：微驼着背，右手举着小松鼠，一步一顿，仿佛在跳舞。然后是阿马、阿鹿，他们生怕举着的火把灭掉，不敢走得太快，也一步一顿地跟着。最后是扛着鹿、豪猪和提着兔子的猿人们。

“站住——”一声尖厉的叫喊。

当老头儿沿着斜坡，走向洞口的时候，忽然听到这样一声怒吼，他惊愕地抬头一看，原来是阿犹高举双拳在叫喊。趴在她背上的小兔儿两手紧紧抓住她的肩膀，瞪着深陷的小眼，恐惧地向前张望着。阿豫胆怯地站在她后面。

“你们把这怪物引来，想把大家都咬死吗?”阿犹又恐惧、又愤怒地嘶叫着。她又把双手叉在腰间，站立在洞口前。

老头儿把火把举得更高了，好像怕她突然猛扑过来，把火把夺走似的。

阿马从老头儿后面蹿出来，把阿犹猛推了一把。要不是阿鹿同样快地跑上前，将她扶住，她准得摔个倒栽葱。小兔儿掉在地上，她刚要哭，可是小猴儿把手里的小松鼠塞给她说：“给你小松鼠！”小兔儿才没有哭出来。小猴儿又去帮阿鹿，把阿犹连推带拽地塞进山洞角落里。她坐在那里呜呜地啜泣着。阿豫默不作声地蹲在她旁边。

“胆小鬼！”老头儿骂了一句，就举着火把，从洞外走进洞里，又从洞里走出洞外，绕了一圈，终于在洞口一个比较低洼的地方站住，命令大家：“快找些树枝干草来，招待我们的客人！”

全体猿人，除了三个拿火把的，还有阿犹、阿豫以外，都立即行动起来：拔草的拔草，捡树枝的捡树枝。

老头儿把火把放进一个凹坑里，阿马和阿鹿也把手中快烧完的火把搁在松树火把上面。

小猴儿搁上一抱干草，燃起了一股烈火，直冲到洞口顶部的悬崖上。

“慢慢来!”老头儿吆喝着。

山洞附近的草：枯黄的、青翠的，都拔光了。火头儿一会儿高高地升起，一会儿低低地降下来。

小兔儿搁上一抱青草，一股湿烟立刻弥漫了全洞，把大家呛得直流眼泪和鼻涕。阿犹一边咳着，一边叫嚷：“要命啊!”

“要干树枝!”老头儿一边咳嗽，一边大声地喊着。

大家立刻匆匆忙忙地捡干树枝，拿来搁在火堆上，这样，火儿比较稳定、持久地烧着。可是很快山洞附近的干树枝也捡光了，大家便都空着双手张望着。

忽然小猴儿钻进洞角里，把带着朴树子、野果的树枝抱出来了。小兔儿等几个小孩立刻跟着他抱，碎树枝掉在地上，连成了一线。

“要命啊，这是吃的呀!”阿犹还有阿豫扑过来，将树枝上的朴树子捋下来，将野果摘下，堆成了一堆，将处理过的树枝另外堆成一堆。

老头儿看了他们一眼，没有制止他们这么干，只是把捋过的树枝一根一根地添在火上，不让火熄灭掉。

忽然火堆伸出了一条长长的红舌头，沿着碎树枝连成的线路，向洞深处伸过去。

“要命啊！它来咬我们了！”阿犹、阿豫又惊叫起来了。

“怕什么！”老头儿拿起一根粗树干，不慌不忙地走过去，把碎树枝连成的火路，拦腰扫断，又在伸过去的火舌头上扑打了几下，火舌头就消失了。

老头儿走回火堆旁，看了看剩下的那一小堆树枝，低着头，默不作声。

聪明的小猴儿立刻猜到了他在想什么，就说：“后山边不是有一棵倒掉的树么？”

大家立刻想起后山东边陡崖上的那棵松树，不知何年何月被风吹倒的，早已干枯了。如果搬来，倒是可以请火饱饱地吃上一顿的。

阿马跳起来说：“走！咱们去把它搬来。”

于是阿马、阿鹿，还有两个年轻力壮的小伙子，立刻向后山跑去了。

小猴儿、小兔儿也蹦蹦跳跳地跟着他们。

老头儿高兴地笑了笑，继续将枯树枝一根一根地喂给火吃。

其他的人继续在不远处寻找枯枝和干草。

“杭育！杭育！”

小猴儿、小兔儿一阵风似的跑回来，口里哼着：“杭育！杭育！”

老头儿他们诧异地看着他俩。

小猴儿急急忙忙地解释：“阿马他们四个扛着那棵松树向这边走着，大家感到很吃力。忽然，阿马哼了声‘杭育’，大家立刻跟着他喊‘杭育’，劲头立刻就上来了。他们正扛着松树、越过山坡，向这边走来哩。”

大家听了，都露出钦佩的神情。

“杭育！杭育！”后山坡上传过来阿马等人嘹亮的号子声。

许多猿人立刻迎了过去，帮着他们把松树扛了回来。

老头儿指挥大家把松树搁在火堆上。接着拿起一把石斧，把松树上的枯枝一根根砍下来，放在火堆旁边。

阿马说起南边林子里也有一棵倒了的枯树，应该把它扛回来。说着，又带了几个人出发，不久，果然又扛回来一棵枯树。

两棵枯树并排搁在火堆上。老头儿管理着，让火稳定地烧着。

阿鹿忽然说："现在该轮到它们了。"

大家一看，原来她指的是北山林子里扛回来的鹿、豪猪和兔子。大家都很奇怪，刚才在忙乱中，怎么把它们给忘了——虽然大家都饿极了。

"来，烤着吃！"老头儿想起烤肉的美味，就这样提议。

阿马、阿鹿等立刻把鹿、豪猪和兔子放到火上烤着。

阿犹跑上来说："我不要吃火咬过的东西！"

阿豫也说："我也不吃！"

老头儿气愤地拿起一把锋利的石刀，狠狠地连砍带割了一阵，割下一条没有烧过的鹿腿，扔给他们。阿犹拿起鹿腿，拉着小兔儿，阿豫捧起一捧野果，三个躲到洞角落里吃去了。

烤肉发出阵阵诱人的香味，大家都感到实在饿了。

老头儿把烤得半生不熟的鹿肉一块块割下来，分给大家。鹿头呢？老头儿要奖赏给阿马，可是阿马说："应该给阿鹿。"

阿鹿说："鹿头归老头儿，我只要那对美丽的角。"于是她动手把那对鹿角砍下来，将鹿头送给了老头儿。

大家兴高采烈地围着火堆，吃着鹿肉，笑着、叫着。

忽然阿鹿把那对鹿角捧在头上，模仿着鹿的样子，学着鹿的叫声，围绕着火堆，轻捷地跳了起来。阿马从火堆里拿起一根烧着的树枝，跟在她后面欢快地乱蹦乱跳着。有的小伙子和姑娘，还有小猴儿、小兔儿也都从火堆里拿起一根根烧着的树枝，一拥而上，将阿鹿围了起来。阿鹿左冲右突，没处跑了，倒在地上，被大家抬了起来，放到老头儿身边去。

围着火堆和“演员”坐着的猿人们，看了这个“节目”，非常兴奋。他们有的打着胸脯，有的捶着大腿，有的用石块拍着石块，有的用石块敲着松树。各种响声起先很乱，但逐渐地汇成了一定的节奏：

“噼啦啪——！噼啦啪——！”

阿鹿放下了鹿角，又跳了出来。她随着节拍一面跳，一面唱。阿马等三个青年，也跟着她跳，跟着她唱：

火啊火——！火啊火——！
你通红透亮，热烈欢腾！
火啊火——！火啊火——！
你赶走黑暗，带来光明……

大家笑着、叫着、吃着、拍着、跳着、唱着，一直闹到深夜。

老头儿忽然惊醒，身上暖洋洋的，不是火烤的，是初升的太阳斜射在身上。

这洞本来就比较小，现在在洞口又放了一堆火，更没有地方了。人们便围着火堆横七竖八地酣睡着。

“啪，啪，啪!”

他抬起身来一看，有人在用树枝轻轻地拍着火堆。已经没有了火焰的火堆，经这么一拍，灰烬和火星迸散着。

是谁？是阿犹和阿豫。

“干什么?”老头儿愤怒地大喝一声。

阿犹惶恐地爬了过来，伏在老头儿跟前，轻轻地哀诉着：“老头儿，你老糊涂了？闹得够了，你别任着那些年轻人乱来了，会把我们大家都毁了的……”

“什么?”老头儿气得大叫起来。

几个年轻猿人惊醒了，他们坐起来，揉着眼睛，不知道发生了什么事情。

“太阳出来了，它给我们光明和温暖，我们还要这怪物干什么呢？我们自己都没得吃的，哪还有工夫找东西喂它呢？它会把我们都咬死的。”阿犹喃喃地唠叨着。

“可是夜晚呢？它不就给我们光明和温暖吗?”老头儿美滋滋地回忆着，“再说，烤肉是多么香啊!”

“我不要吃它。”阿犹说。

“我也不要吃。”阿豫也说。

醒来的年轻人弄清楚了是怎么回事，都跳了起来，把他俩团团围住。

阿马喊道：“哼，你们敢把火弄死!”

“啊呀!”阿鹿叫了起来,“他们已经把火弄死了。”

“啊!”大家齐声惊叫了起来。

“不是,不是!”阿犹慌忙分辩说,“是它自己死的。我们起来一看,就没有火焰了。”

“胡说!”

“糟糕!”

“怎么办?”

大家七嘴八舌地叫嚷。

老头儿说:“火可能是自己死的。这怪我,打了一个盹,没有管好——可是你们拍打它干什么呢?”他见阿犹没有回答,就问大家:“现在先决定,还要不要火?”

“要——!”

“不要!”

“要!”

“要!要!要!”

“要”的喊声淹没了“不要”的声音。

“谁给它找东西吃呢?”

“我们来找!”

“那好!”老头儿说,“现在大家先吃点剩下的豪猪肉和兔肉,也给火找些吃的。我来看看这火还能不能活过来,如果不能,我们再上那边去猎取!”说着,老头儿指了指北边还在冒烟的林子。

大家随便吃了点东西。除了小猴儿被留下陪着老头儿以外，其余的猿人都四散走了。

阿马、阿鹿招呼了几个小伙子和姑娘仍然往北边的林子跑去。

当太阳爬到天顶上的时候，人们都纷纷回来了。各人都带回点什么：野果、块根、鸟蛋、枯树枝……阿马、阿鹿一队人收获最大：扛回一只烧死的野猪，还打回来了两个火把。可是当他们走到火堆旁，准备把火把放上去的时候，发现火堆的火已经活过来了。

“怎么回事？”阿马他们诧异地问。

小猴儿得意地说：“我们把它喊醒了。”

老头儿接着解释道：“这火并没有死掉，它只不过睡着了。中间还有火炭哩。我们试着喂一把干草，拨弄了一阵，它就冒起了一股浓烟，这时候吹来一阵风儿，火就醒过来了。”

除了阿犹、阿豫显得无可奈何以外，大家都很高兴。打这以后，他们懂得了这么一个道理：火这怪物并不需要不断地吞吃东西，也可以让它睡觉，必要时再唤醒它。这样就可以省下很多“食物”。他们也不必成天为找枯树、抬枯树而疲于奔命了。更重要的是：他们从风可以把火吹醒，学会了趴在地上使劲地吹、把火叫醒的本领。

故事讲完了。东火第一个抢着发言：“这个故事是昨天的继续，人与自然的矛盾进一步在解决，人与人的矛盾也有了发展。”

小红说：“是呀，我以前总以为，一件新鲜事一发生，就会立刻得到大家的支持哩！谁知道在原始人里也有先进和落后之分。像阿犹和阿豫，他们不仅仅反对把火取回来，连火烤过的肉也不愿吃，甚至还想将火扑灭哩。”

东火又抢着说：“但是人间烧起了第一堆篝火，这毕竟是人类史上的一件大事。”

小红也抢着说：“所以大多数人欢欣鼓舞，兴高采烈，不禁跳起来、唱起来了。”

两个人正说得高兴，忽然方冰冷不丁地提出了个问题：“舞蹈是什么时候开始的？”

黄爷爷连忙答道：“大约在旧石器时代晚期，离现在几万年前吧。”

“那么，北京猿人生活的时代呢？”方冰又问。

“离现在五六十万年到二十万年前。”

“那他们怎么就舞蹈起来了呢？”

大家一时答不出，你看着我，我望着你。最后，只见小红把小辫儿一甩，辩解道：“那不是正式的舞蹈，那是乱蹦乱跳，好像打架似的。”

东火也帮腔道：“难道猿人高兴起来，就不兴跳一下、唱一下吗？”

“那时候能唱出那样的歌儿吗？”方冰还不放过他们，继续追问。

小红说:"咳,书呆子,这是讲故事呀!这不是猿人在跳、在唱,而是黄爷爷在欢欣鼓舞地跳,兴高采烈地唱呀!"

小红的话,逗得黄爷爷咧开大嘴打哈哈,白胡子在月亮下闪着银色的光。大家都乐了,方冰也笑着表示同意。

驱 兽

白天,黄爷爷带着三个中学生,帮着讲解员接待了参观者。现在,石镰似的月儿挂在天空,他们又来到了龙骨山东南山坡上——这里是三五十万年前猿人洞的洞口,可现在连一点痕迹也看不出来了。

一坐下,小红便问东火:"火种保存下来了,该没事了吧?"

东火瞪了她一眼说:"你怎么老念叨着没事?火的威力还没有显示出来哩!"

"什么威力?"小红说,"火不就是照明、取暖、烤肉吗?"

"还有,还有!"东火忽然把方冰一推,说:"还有什么呀?"

方冰用右手拇指顶了顶眼镜横梁,慢吞吞地说:"驱除野兽呀——我想,人在没有掌握火以前,都那么害怕火,野兽更……"

小红拍手喊道:"对,黄爷爷给我们讲个驱除野兽的故事吧!”

黄爷爷摸了摸白胡子，笑了。

眉毛似的新月挂在西山的上空。经过一天辛苦的劳动，大多数猿人都安静地睡下了，只有四个猿人还趴在山洞前面的一条沟里，向前面瞭望。洞口篝火发出的火光，在他们背后闪烁着。

那是老头儿、阿马、阿鹿，还有小猴儿。

“注意，看，看!”老头儿忽然轻轻地说，手指着左前方稀疏的小树林。

大家立刻顺着他的手指看去，趁着些微弱的月光，他们朦胧地看到遥远的前方有一群野物，外形有点像狼，只是头比狼短而圆些；前腿长，后腿短，因此肩部比臀部高。它们在左前方小树林里，从太阳出来的方向朝太阳下山的方向偷偷地前行。它们还不时地转过头来，向这边张望一下。

“那就是鬣狗。”老头儿说，“它们白天在洞里睡大觉，晚上出来找东西吃。它们自己捕食，也吃其他猛兽吃剩的东西或动物的尸体。它们的牙齿壮大有力，连骨头都嚼碎了吞下去。

“以前它们出来，都是打从我们洞口大模大样地走过去。可是，自从前些天我们在洞口烧起了篝火，它们就小心翼翼地绕个大弯走了。”

“看来它们是害怕火。”阿马说。

“跟阿犹和阿豫一样。”小猴儿突然插了一句，大家都笑了。

可是阿鹿说：“不，别这样说，他们现在也不太怕火了。这两天我跟他们说了，只要我们掌握了火的脾气，就可以管住它。所以他们也不太怕了，有时候还学着给火喂根树枝吃呢。”

“对！”小猴儿接着说，“他们本来不让小兔儿吃烤肉，可是后来我把那只小松鼠烤熟了让她吃，他们看见了也没有说什么。”

老头儿听他们扯远了，连忙把话题拉回来，对阿马和阿鹿说：“你们前几天不是说，在那边发现一个山洞吗？”

阿马和阿鹿点了点头。

“那很可能就是鬣狗住的洞。烧大火的时候，它们不知道到哪里去躲了一阵子，火熄灭以后又回来了——那个洞不知道有多大、多深。”

“不知道，我们去看看吧！”阿马说着，就站了起来。阿鹿他们也都跟着站了起来。

“是呀！趁着鬣狗出去觅食的时候。”老头儿说，“它们要到后半夜才回来。不过我们也要抓紧点。”

说着，他们回到洞口火堆旁。

老头儿拿起两个事先准备好的由粗松树枝扎成的火把，递给阿马一个。同时对小猴儿说：“我之所以不让你去，就是想让你守好火堆。”

可是小猴儿不乐意，他说：“上次不让我去，这次还不让我去，我偏要去。”

老头儿看了一下阿鹿，意思是你留下吧。可是阿鹿把尖嘴儿撮得更尖了，她也不乐意。

老头儿虽然有点不大放心，可是看到年轻人勇敢的精神，觉得应该放手让他们去闯一番。于是把手中的火把交给阿鹿，说：“好，你们去，我留下。”

阿马和阿鹿把火把点着，带着小猴儿出发了。沿途不时有不知什么野物的一对对发光的眼睛盯着他们，接着就恐慌地逃窜了。

阿马、阿鹿和小猴儿很快就找到了那个洞口。洞口周围的草和小树都烧光了，所以很容易找到。那里离河边很近，可以听到河水潺潺流动的声音。

这个洞不像他们现在住的那样浅，洞口也不是敞开的，它入口小，可是里面似乎很深、很大。

阿马捡起一块石头，向洞里掷进去。大家紧张地戒备着，好像会有什么野物突然蹿出来似的。可是只听见石头“咕咚咕咚”滚动的声音，响了一阵，又重归于寂静。于是他又向洞里“喂、喂”地喊了几声，仍然没有什么动静。看来，洞里没有藏着什么野物。

接着，阿马弯着腰，想钻进洞去。可是洞口太小，又有一股风，吹得火苗直摇晃，几乎将火把吹灭。他只得退了出来。

小猴儿说：“让我先进去看看吧！”

阿马迟疑了一下，说：“你行吗?”

小猴儿说：“行!”说着，伸手就要接火把。

阿马说：“你先进去，我再将火把递给你。”

小猴儿一弓身，钻进了洞里，便伸出手来接火把。

阿鹿一再嘱咐他说：“要小心有坑，小心有野物，看一下就出来。”

小猴儿说：“知道了。”

阿马将火把迅速穿过洞口，递给了他。

小猴儿接过火把，挥动了一下，看清了道路，便向前走去。

小猴儿慢慢地斜着向下走了几步，看见前面有个坑，他小心地绕了过去。接着是一段缓缓的上坡路，走不多远，就来到一个“大厅”，洞顶渐渐高了，几乎看不见。但有些地方有石柱子垂下来，有的还和地上长出的石柱连接在一起。地面有几块小动物尸体，旁边有些小石头似的东西，一摸，软软的，但中间有东西刺手，大概是鬣狗拉的屎，刺手的是没有消化掉的碎骨渣。

小猴儿走上坡顶，右前方是洞壁，左前方还有一条小路。他正想进去，忽然听见阿马和阿鹿在外面叫他，只得折转身，走出洞外。

阿马和阿鹿都争着问他看见什么了。

小猴儿把看到的情况跟阿马、阿鹿讲了一遍。阿马很兴奋，说：“现在该我进去看看了。”可是阿鹿说：“火把剩得不多了，到里面火把烧光了怎么办？即使能支持到退回洞口，也得摸黑回去，万一碰到鬣狗回来……”

于是阿马打消了进去的念头，准备和阿鹿、小猴儿一道往回走。

可是小猴儿说：“你们先回去，让我在这里再留一会儿。”

“你留下来干什么？”阿马和阿鹿都大吃一惊地问。

“我们还不知道这里是不是鬣狗住的洞呢。”小猴儿说，“我等着它们回来。”

阿马不同意说：“那哪儿成！这时候正是虎狼出没的时候。你听，还有野狼嗥叫的声音哩。”

“不要紧，我会爬树，一有危险我就爬上树去，谁也伤害不着我。”小猴儿说着，就一蹿爬上了洞边一棵枝叶茂盛的大树。

阿马不放心地对阿鹿说：“要不，我们都留下吧！”

阿鹿说：“怕老头儿着急呢，还是我先回去报个信吧！”

阿马说：“不行！光你一个人？”

阿鹿把火把举了举说：“以前我们怕黑夜，可是现在有了这个，还怕什么呢？”

阿马正在为难，小猴儿又从树上跳了下来，站在他们中间，推着他们说：“走吧，走吧！有火把在这里，鬣狗也不敢回来了。”

阿马无可奈何，只得再三嘱咐小猴儿说：“你趴在树上，别动，我们一会儿就回来。”他看着小猴儿又爬到那棵大树顶上去了，才和阿鹿打着火把，飞快地跑回老头儿那里去。

老头儿一见只有阿马和阿鹿回来，果然大吃一惊。待到阿马说明了原因，他还是着急得不行，直埋怨他们说："那哪儿成，你们真糊涂！"

阿鹿安慰他说："小猴儿勇敢、机灵，我看出不了危险。"

老头儿还是不听，立刻打火把，要去接。

他们点着火把，正要动身，只见小猴儿快步跑回来了。

老头儿立刻一把把他抱住，生怕他再跑掉似的，还不住地问："怎么样？"

小猴儿气喘吁吁地说："那是——鬣狗的洞。我看着它们——钻进洞去了，正要下树，它们——又跑出来，四处看了一遍，又钻进洞去了。我就趁着这机会跑回来了。"

老头儿又仔细地问了洞内外的情况，小猴儿都一一说了。

最后，老头儿忽然问了一句：“你看我们这些人都去，能住得下吗?”

小猴儿他们三个，这才恍然大悟，明白了老头儿为什么要那么详细地去了解那个洞的意图。小猴儿立刻回答说：“没问题，比我们这里大多了。”

阿鹿说：“首先得把鬣狗赶走。”

“那当然。”老头儿说。

阿马说：“就是洞口太小。”

“那更不成问题了，我们不会把它凿大一些吗?”

小猴儿兴奋地问：“现在就去吗?”

老头儿说：“明天晚上再去。”接着他又把自己的打算说了一遍。他们又商量了一阵，老头儿催他们三个先去睡觉。

第二天上午，等全体猿人都起来了，老头儿把赶走鬣狗、占住鬣狗洞的想法，跟大家说了一遍。还说，那个洞大得多，可以住很多人，还可以藏很多东西；洞口朝阳，冷天避风；离河边近，喝水方便……说得大家都很高兴，阿犹、阿豫虽然有点舍不得现在住的这个洞，可是也没有站出来反对。

天黑了，还是老头儿他们四个，伏在山洞前面的那条沟里向前瞭望着。其他的人，做好准备，坐在火堆边等着。

等了一个多钟头——那时候还没有手表，也许是两个钟头——大家都有点困了，忽见老头儿他们四个兴冲冲跑回来了。小猴儿说：“鬣狗走了，我们该出发了！”

老头儿命令大家把东西都带好。有的拿火把，有的抱树枝，有的搬吃的，有的拿着石器、棍棒。

老头儿最后出发，他把整个洞检查了一遍，不知谁粗心，忘了带走一把石刀。老头儿把它拾起，用手在上面拭了拭，转身想走。但是一转念，又把它端端正正地摆在洞中一个土墩上，并喃喃地自言自语：“这算是留个纪念吧！”

他们很快来到了鬣狗洞口。

老头儿命令：阿马带领一部分人，在洞口把篝火烧起来，并准备足够的树枝、干草；阿鹿带领一部分人，把洞口凿大一点。

篝火很快就烧了起来，树枝、干草也准备了一大堆。

虽然费了很大的劲儿，可是洞口只凿大了一点点，老头儿看了看说：“以后再凿吧！”接着命令小猴儿举着火把，带领大家进洞去。

小猴儿这孩子很细心，先嘱咐大家要注意些什么，特别提到那个坑，要大家留神。然后才举着火把，带头钻进洞去，大家一个个跟着他钻。进洞后，阿鹿和阿马打着火把，在中间和末尾照着路。过了坑，到了洞中“大厅”里，大家都忙乱开了，这里摸摸，那里看看。这个说我睡这里，那个说我睡那里。

老头儿也打了个火把进洞来了。他看了看洞深处那条路：路不深，尽头有个坑，底下有水流的声音，一股风从里面吹出来；靠“大厅”这头还有一大段空地，就叫一些人把吃的都藏到那里去。又叫了几个人把离进口不远的那个坑填平。最后，叫阿马、阿鹿、小猴儿将火把都堆在“大厅”中央烧着，每人拿条棍棒，跟他一起出去守夜，剩下的睡觉。

他们四个出了洞，先把篝火烧得旺旺的，然后就伏在火堆前一个沟里，朝右前方瞭望。

到了后半夜，几只鬣狗沿着河边回来了。它们远远地望着火堆，不敢前进。

老头儿一声暗号，四个人立刻跳出了沟，大声叫喊，还用石块敲着石块、木棒，发出了震天的声响。鬣狗一听，吓得掉头就跑，消失在黑暗的夜幕里了。

“哈哈哈……”老头儿、阿马、阿鹿和小猴儿的笑声，在寂静的夜晚，显得格外粗犷、豪迈、爽朗。

故事讲完了。小红拍着手说：“我最喜欢听猿人和野兽搏斗的故事了。”

东火说：“可惜这故事里，猿人还没有和鬣狗搏斗起来——开始我以为会有一场‘恶斗’哩！”

小红说：“这是智斗呀！也说明有了火，鬣狗根本不敢应战了。”

两人说了一会儿，黄爷爷忽然问方冰：“你今天又有什么新问题？”

方冰用右手大拇指顶了顶眼镜横梁说：“看来前两个故

事发生在猿人洞的第13地点，现在才搬到第1地点来了。”

“是吗？”小红问，“你怎么知道呢？”

方冰瞥了她一眼说：“今天白天在展览馆参观，黄爷爷不是说了吗？第13地点在这儿往南1千米的地方，时代比这第1地点早十来万年，但是那儿也发现了用火遗迹，还发现过一块很好的石器。”

“对啦！”小红辫子一甩，喊道，“这块石器就是猿人老头儿特地留在那儿的呀！”

说得大家都笑了起来。

东火点点头说：“对啦，在第1地点里发现好几层有鬣狗骨头和鬣狗粪化石，又有好几层有猿人遗骨和文化遗迹。看来，今天讲的故事曾经反复几次地演出过哩！”

打虎

天黑了，黄爷爷带着三个中学生坐在龙骨山东南山坡上，教给他们认牛郎星和织女星，讲了一会儿牛郎、织女的神话。

“猿人也会看星星吗？”小红忽然提出了个怪问题。

“咳，日月星辰，抬头就是，哪能视而不见呢？”东火立刻答道。

“‘看见’和‘会看’还相差十万八千里哪。”黄爷爷摸摸白胡子说，“虽然天文学是最早发展起来的科学，但直到旧石器时代晚期，原始人的图画里还没有日月星辰，而只有飞禽走兽；可见，那时候的人最关心的还是他们吃的和伤害他们的动物。他们必须和野兽进行你死我活的斗争。”

“那么，您就快给我们讲一个原始人和野兽搏斗的故事吧！”

深夜，半圆的月亮快要落入西山了，老头儿领着阿马、阿鹿和小猴儿，站在山洞附近的一块高岩上，向四周瞭望。远处，剑齿虎在嗥叫。

一阵冷风吹来，大家全身都起了鸡皮疙瘩。

老头儿双手交替，把双臂使劲摩擦了几下，然后说：“呀，冷风起了，冷天就要到来了。”

这时候，有一团黑影爬了过来。

“谁？”阿马警惕地喊道。

“我！”

听着声音，他们知道来的人是阿犹；借着月光，发现她后面还跟着阿豫。

“你们来干什么？”老头儿问。

阿犹轻轻地说：“老头儿，是时候了，我们该走了。”

“嗯，我们正要商量这件事呢。大家合计合计再说吧！”老头儿没有责备他们，还邀请他们一块商量。因为几年来，到了这个时候，他们一伙人，就要迁徙到温暖的山南去。

老头儿领着大家，回到山洞前，围着火堆坐了下来。

老头儿先说：“据先人的先人传下来的话说，气候在渐渐转暖。从前的冷天是冰天雪地；可是近些年来，我们连雪花都很少见了。”

“可是山南更暖和些啊！”阿犹抢着说。

“山南更暖和些啊！”阿豫跟着说。

“山南、山南，暖不了多少的。”老头儿看了他们一眼。

“老头儿，你不要固执了。小燕子飞走了，大雁也一行行地在往南飞，我们如果不走，准得冻……”

阿犹的“死”字还没有说出口，就被阿马粗壮的声音打断了：“那是野物，可我们是人啊！”

老头儿点了点头，补充着说：“即使是野物，也有不走的。蛇呀、蛙呀，躲进地里去了；熊呀、獾呀，找个山洞睡大觉了。现在我们有火了，天冷了，不会在山洞里烤火吗？”

“是呀，我们有了火，还怕冷么？”阿鹿和小猴儿不约而同地说。

“再说，我们的火，”老头儿继续说，“谁敢担保在长途跋涉中，它不会死去呢？相反，如果留下，我们可以好好保护它。”

“可是，我们吃什么呢？”阿犹叫嚷道。

“是呀，我们吃什么呢？”阿豫仍旧跟着说。

“这倒是个问题……”老头儿思考着说。

“我们可以打猎！”阿马挺有把握地喊道，“北方的野物成群南下到这儿来了，我们总可以逮住几只的。”

“我们还可以储藏些吃的。”阿鹿说，“松鼠把蘑菇挂在树枝上晾着，我们把它们收集起来……”

“还有野鼠，”小猴儿也抢着说，“它们洞里藏的粮食不少。”

老头儿高兴地点点头说；“是啊，我们今年冬天留下来试一试！”

“试一试？”阿犹气愤地说，“你要寻死吗？”

“你要寻死吗？”当然又是阿豫的声音。

“寻死？”老头儿苦笑了一下，“去年南下，阿象那么棒的小伙子，不就是因为脱离集体，被剑齿虎刺死了么？”

“不管怎么说，”阿犹说，“我们反正是要走的。”

“我们反正是要走的。”阿豫一字不差地跟着说。

“要走，你们走好了，我坚决不走！”阿马斩钉截铁地说。

“哟，就你俩？”阿鹿关心地说，“碰到剑齿虎怎么办？”

“要走，咱们一起走；要留，咱们一起留。离开了集体谁也生活不下去。”老头儿最后说，“好了，这事我们明天全体再商量，大家先睡觉吧！”

就这样，大家不欢而散了。

可是，第二天上午，还没有等老头儿召集全体一起商量，大家就发现阿犹和阿豫走了！他们只带走了几把石刀和两根棍棒。

这件事使大家既恼火，又着急。

小猴儿更是闷闷不乐，因为他们把小兔儿也带走了。

当“全体会议”作出决定，今冬留下不走以后，老头儿就布置大家抓紧食物、燃料的储备工作。只要是能吃的、能烧的，都把它弄回来，藏到山洞深处，干枯的大树干就堆在山洞口，同时限制了口粮，号召大家省吃俭用。

布置完毕，大家立刻紧张地工作起来。

可是老头儿自己却准备出发去找阿犹他们。

这事引起了阿马等几个小伙子的不满。阿马大声道：“算了吧！这么忙，还去找他们。”

“多一个人多一份力量啊！”一听那清脆的嗓音，就知道是阿鹿的。阿马不吭声了。

“像阿豫那样的人，胆小怕事，干活有气没力的，顶个屁用；阿犹呢，把小兔儿惯坏了，小兔儿比小猴儿小不了多少，还经常背着，看见他们就恶心。”不知是哪个小伙子低声地嘟囔着。

老头儿说话了：“你可别看不起阿犹和阿豫，他们从前可都是勇敢、勤劳的人。可是现在年纪大了。阿豫那年打狼，被狼咬伤了，还生过一场大病，才变得这样……”

“小兔儿她也会锻炼得坚强起来的。”小猴儿补充道。

“可他们也不该这样死落后！”阿马还不完全服气。

“我们应该怎样对待落后的人呢？是听任他们呢？还是帮助他们一道前进呢？”阿鹿盯着阿马追问。

阿马没话可说了，默默地低着头。

“阿鹿说得好！我们一定要团结他们，共同前进。这样才有力量。”老头儿说完，看看大家都不作声了，就拿起一根松树拐杖动身了。小猴儿一定要跟着——他惦念着他的伙伴小兔儿呢。

他俩走下山坡，发现地上有一条用脚画成的线，脚尖朝南。这是阿犹留下的一封信，意思是说：他们要一直朝南前进。

于是老头儿和小猴儿也朝南走去，寻找着阿犹他们的脚印。他们沿着河流，走过小草原，穿过河流与西山间的峡口，进入了大草原。白天，他们挖开野鼠窝，找一些吃的；夜晚，找个低洼地方休息一会儿。这样，他们在大草原上追逐了“好几个太阳”（意思就是好几天），可是，除了开始找到过一些脚印以外，以后就再也没有找到过阿犹他们的脚印了。

他俩只得往回走：穿过峡口，沿着河流，走过小草原，回到山洞。

他俩没有带回阿犹他们，只是每人背回来一串野鼠。大家一看，就都明白了。

大家都很难过，谁也没吭声。

老头儿回来后，继续抓紧粮食和燃料的储备工作。

冬天到了。洞口堆积了大堆枯树，洞深处也堆满了枯枝，各种野果、块根、蘑菇……也有一些打死的小动物。

日子一天天过去，大家吃得很少，猎获得更少。人，渐渐消瘦起来，食物堆，也渐渐地“消瘦”了。

在阴冷刮风的日子，大家躲在山洞里，围着火堆坐着，打石器，制作棍棒。阿马、阿鹿他们，还把树干梢头削尖，做成长矛。

在晴朗无风的日子，年轻的猿人拿着棍棒、长矛出去，继续寻找各种吃的，补充越来越少的食物储备。

一天傍晚，阿马他们从外面回来，只带回很少的食物，丢进快要消失的食物堆，有点垂头丧气了。

阿马近来吃得很少，可是干得很多，身体比谁都消瘦得快。大家担心他再这样下去，就要没力气出去找吃的了。

“总得打个大野物才好！”晚上，当大家围坐在火堆旁时，阿马突然提出了这个问题。他大约想起了那次大吃烤肉的情景。

“食物有的是。”老头儿回答说。

“在哪儿？”阿鹿抢着问。

“在草原上。”老头儿说，“北方跑来的成群的野马、野鹿，还有追赶它们的猛兽。可是，阿马，你跑得过马吗？阿鹿，你跑得过鹿吗？小猴儿，你斗得过猛兽吗？”

阿马、阿鹿、小猴儿都没有吭声。他们追赶过马群、鹿群，但是，有什么用？两条腿的人，还能追上四条腿的马和鹿么？

阿鹿还说：有一次，她在山洞口烧火，一只鹿来到山洞旁，似乎想烤火。可是那家伙挺机灵。当阿鹿拿把干草引诱它的时候，它就跑了。

总之，要逮只大野物，真是很难很难的啊！

“这就得商量个法子。”老头儿说。

“什么法子呢？”小猴儿问。

“野马、野鹿，不能靠一个人跟在它们屁股后面死追，得摸清它们的路线，穿近道，搞集体接力赛跑；打剑齿虎等猛兽，就更要胆大心细了，更得依靠集体，还要凭借我们的武器，特别是我们的新武器——火！”

一天后半夜，月亮还没有出来。

两头大犀牛在河边饮水，一头小犀牛在河里洗澡。大犀牛喝一口水，抬起头来，眯着眼睛，向四周瞧瞧。

它们什么也没有瞧见，但是“沙、沙、沙”，一群小野物从它们身边窜过，向南奔跑，给它们带来了危险的信号。

原来有一只剑齿虎，正远远地跟踪着它们。

剑齿虎有点像老虎，可是嘴里多了两把短剑——由犬齿变成的短剑。那是刺杀厚皮动物——犀牛、象的锐利武器。

大犀牛再也顾不上饮水了，赶紧带领小犀牛沿着河边，向南前进。

剑齿虎稍许加快了步伐，还是远远地跟踪着它们。

忽然，小犀牛离了群，向西山奔窜过去。

剑齿虎看了它一眼，没有去追，仍然跟着大犀牛走。

它也许觉得，跟着两头大犀牛走，总可以捞到一头的。而只要捞到一头，它就可以饱餐一顿了。

可是，两头大犀牛分开了，一头向西山奔窜过去。

剑齿虎对它多看了一眼，眼睛的余光忽然发现：身后面有一团红色的东西在闪烁。它回头一看，几团火光，分散开，并排着，跟踪着自己。

它赶紧加快了步伐。

剩下的那头肥大的犀牛，沿着河边，拼命向南奔窜。跟着它的是凶猛的剑齿虎，跟着剑齿虎的是几团火光。

西山在向河流靠拢，前面是一道峡口。如果犀牛能蹿过峡口，逃进大草原，它也许能逃过这场灾难的。

可是不行。在峡口忽然也出现了一堆火光，立刻又分成几团，把住了峡口要道。

这头犀牛只得改变计划，拼命向西山奔窜过去，钻进了一条两边岩石壁立的峡谷里。它记得，从这条峡谷，也可以通到大草原里。

可是，不知道是谁，用乱七八糟的粗树干把路堵死了。

此路不通，犀牛立刻打转，然而剑齿虎已经进了峡谷。

拼命吧！犀牛正对着剑齿虎，抬了抬头，仿佛说：请留神我鼻子上的尖角。

剑齿虎也正对着犀牛，把嘴张大成一个直角形。仿佛说：我有两只短剑似的牙齿哩！它企图绕到犀牛后面去。

犀牛穿着厚厚的铠甲，可以在荆棘丛中打滚，然而还没有亲身尝试过剑齿虎的剑齿——也不愿尝试，所以犀牛便跟着剑齿虎转，随时正面对着它。心想，只要你敢扑过来，我就把头一抬。扑的力量加上抬的力量，我的角准得在你的肚子上钻个大窟窿。

剑齿虎按顺时针方向不停地往犀牛身后绕着，犀牛也将鼻角尖始终对着剑齿虎，跟着一起转。

现在是一场灵活性的竞赛，也是一场紧张的、你死我活的搏斗。

转着转着，剑齿虎突然掉过头来，朝反方向一转。等到犀牛醒悟过来，剑齿虎已经蹿到了犀牛的侧面。它迅速向后一蹲，接着就猛扑上去，把两把尖利的短剑，深深钉入犀牛的厚铠甲，前脚尖利的爪，也搭在犀牛的背上，同时利用全身重量，向下一割，将犀牛皮割开了两道大裂口和几道小裂口，殷红的鲜血汩汩地流了出来。犀牛惨叫一声，转过头来，用尽平生力气，向剑齿虎猛冲过去。然而身负重伤的犀牛并没有冲倒剑齿虎，自己却像一摊烂泥似的，摔倒在血泊中。

剑齿虎尝到了点热血的咸味，更疯狂了，正想继续进攻，饱餐一顿。可是，突然，火光冲天，喊声动地，大石块从陡壁上砸了下来。剑齿虎还没有弄清怎么回事，背上，屁股上，就重重地挨了几下。

赶紧撤退吧！可是不行，峡谷两头已经燃起了熊熊烈火。

上面是高声叫喊的人群，大石块不断地砸了下来。

剑齿虎冲向入口的火堆，准备夺路逃跑。

“你跑不了啦！”一声怒吼，一个人手持长矛，雄赳赳地从石壁上跳了下来。但没有立稳，一个踉跄，摔倒在剑齿虎的前面。

是阿马！

为了救护阿马，阿鹿、小猴儿等也手持长矛，沿着石壁斜顶，飞也似的冲了下来。

老头儿他们来不及阻拦。但石块的急雨立即停住了，怕连阿马他们也被砸坏。

老头儿当机立断，急忙喊了一声：“冲啊！”小伙子们、姑娘们都冲了下去。

剑齿虎先是一愣，接着又立刻跳起来，用后腿高高站起，向手持长矛、正在爬起来的阿马扑去。

只要它向前扑下来，阿马手中的长矛尖就会刺进它的肚皮。可是，只要剑齿虎的尖牙利爪，在阿马身上碰一碰，也会致阿马于死命，至少也要弄个重伤。

说时迟，那时快。只听“噗”的一声，剑齿虎的后腿挨了一棍。它没有向前扑下来，而是向后坐了下去。它刚一回头，立刻，一支长矛——阿马的，一支长矛——阿鹿的，一支长矛——小猴儿的，刺向它的胸部、腹部；迅速抽回，再猛刺过去。它刚想转身，一根棍棒，又一根棍棒，打在它头上、嘴上；高高举起，又猛击下去。

剑齿虎在地上滚了几滚，作着垂死的挣扎。

是谁，在剑齿虎后腿上猛击一棍，使它倒了下去的？

又是谁，在剑齿虎头上猛击一棍，致它于死命的？

“小兔儿！”小猴儿发出了热烈的欢呼。

“阿犹！”阿鹿上前抱住了阿犹。

“我来迟了！”一个人举着根棍棒，跑了过来，在垂死的剑齿虎身上敲了一下。可是，当他举起棍棒还想打第二下的时候，却感到自己支持不住，摇摇晃晃地扑倒在地上。

“阿豫！”阿马跑上去将阿豫抱住坐起来。

在石壁上的人们早就欢呼着奔跑下来了，将他们团团围住。

最后下来的是老头儿，他举着火把，分开人群，走到阿犹他们面前，非常激动地说：“啊呀，你们还在这里，我们却到大草原上去找……”

阿犹哭诉着说：“我可再也不离开你们了！阿豫病倒了，我们就在这里找到一个石洞住了下来。艰难哪！老头儿，你说得对，人是不能离开集体生活下去的……”

“是呀，人是不能离开集体生活下去的。”躺在阿马怀里的阿豫也这样说。

“我们虽然过得也很艰难，”老头儿说，“但是人多些，力量也就大些。而且，我们有火！”老头儿举了举手中的火把。

“我和小兔儿天天到草原上去挖野鼠窝……小兔儿还会打小兔子，一块石头摔出去就是一只。她锻炼得可坚强了。”说着说着，阿犹破涕为笑了。

大家都看着小兔儿。

小兔儿正在跟小猴儿说话：“我不要叫小兔儿了。”

“那你要叫什么呢？”小猴儿问她。

“我要叫：小虎子！”

“小虎子？大剑齿虎不是都被你打倒了吗？”

大家听了，都哈哈大笑起来。

这时候，他们真是快活极了。

眉毛似的月儿，在东方天空放射着银白色的光辉。老头儿、阿鹿举着火把在前面走着，阿马背着阿豫紧跟着，犀牛和剑齿虎被切成大块，由十几个年轻力壮的姑娘和小伙子分别扛着，小猴儿和小兔儿，不，小虎子也各举了个火把，扶着阿犹在后面跟着。

大家沿着河流，往北，前进在小草原上。

老头儿走得有点出汗了。一阵和风从东方吹来，一点也不感到寒冷。他高兴地喊了起来：“好呀，冷天快过去了，暖天就要来了。”

人群发出了一片欢呼。

老头儿引着大家看东方，天上的星星在淡下去，地平线下，一抹鲜艳的朝霞，像野火似的在燃烧起来，把大地染得绯红绯红的……

人们被这美丽的景色吸引住了，他们索性停下脚步，尽情观看这大自然最美的时刻：一轮红日从地平线下跳了出来。

老头儿高兴地唱了起来：

啊，太阳，太阳，
你就是光明，
你就是温暖，
我们人类的前途，
也同你一般，
无限光辉、
无限灿烂！

东火和小红被“犀虎斗”的情节吸引住了，半晌还在回味。

这次，方冰第一个发言：“故事中的地理位置似乎和现在不完全一样吧？”

东火回味过来了，一听这话，立刻答道：“咳，书呆子，黄爷爷的故事虽然以北京猿人为核心，但也是吸取了这时期前后中外的一些文化史实编成的啊，哪能这么死扣！只要不违反原则，不违反基本科学史实，在故事里也可以来点幻想，虚构一些情节嘛！”

“对！不违反基本科学史实，我同意。”方冰涨红着脸说，“那就不应当说打剑齿虎，而应当说打鹿、打牛，或者如很晚的时候，原始人把马群从悬崖上赶下去之类——因为发现最多的，还是这些动物的化石。再说，猿人的本领也就这么大。”

“可是，”东火抢着说，“不是也有剑齿虎的化石吗？虽然少，你能担保不是猿人打来的吗？”

“对！”小红把小辫儿一甩，说，“即使在千万次打猎中，只有一两次是打的剑齿虎，也应当描写这个。”

黄爷爷在一旁笑着听他们争论，最后，他说：“我在四天中讲了四个故事，算是以北京猿人为核心的一段，明天要开始以山顶洞人为核心的新篇章了。”

小红把小辫儿一甩说：“哟，北京猿人几十万年里的故事，就这么一点点呀！”

黄爷爷说：“当然还可以编很多，但是用火是他们最重大的事件，它是人类史上的第一次大革命啊！以后，人类进步加快了速度。到了距今1.8万年前的山顶洞人时期前后，可说的事情就更多了。我打算安排六个晚上来讲它哩！”

山顶洞人的故事

故事的由来

北京二七六中学的张东火、方冰、刘小红三个同学，跟着做接待工作的退休老工人黄爷爷在周口店参观了几天，听了几个“北京人”的故事，兴致越来越高。他们愿意多住几天，请黄爷爷继续讲一些原始人的故事。黄爷爷看着这三个渴望求知的孩子，满心欢喜，非常爽快地答应了他们的要求。于是，白天黄爷爷就领着他们又去参观山顶洞遗址和展览馆中的有关陈列；晚上，接着给他们讲“山顶洞人”的故事。

捕　鱼

这天，半圆形的月亮高悬在天空。刚刚吃过晚饭，三个同学就坐在山顶洞口等着黄爷爷了。

小红问东火：“你猜，黄爷爷今晚该讲什么了呢？”

“是呀，”东火把头转向方冰，说，“山顶洞时期，虽然距现在1.8万年，可那时人们的事迹却不少：缝衣呀，做装饰品呀，埋死人呀……从什么讲起呢？”

方冰慢吞吞地说：“我想，首先应当解决生活资料问题吧！”

小红拍手笑道：“那就是说，应当从捉鱼讲起啰！”她在白天参观时，对山顶洞时期人吃鱼，有着深刻的印象。

黄爷爷悄悄来到他们跟前，拈须微笑说：“你们猜对了，我正准备说捕鱼哩！”

山前一道清流，夹岸两行垂柳。正是杂草丛生、群莺乱飞、春光明媚的日子。

娃母领着阿垂、小累、小巢、小淘等一群女人和孩子，从山顶上走下来，到河边去找吃的。

他们走下山坡。山坡底下是几十万年前老头儿、小猴儿、阿马、阿鹿等猿人居住过的洞穴，不过现在洞口已经堵塞，连一点儿痕迹都看不出来了。正像从他们身上，再也看不出尖嘴猴头、哈腰曲背的“北京人”形象来一样。

他们似乎是一些没有穿衣服的现代人，只是由于当时除了用10个手指作为天然的梳子以外，还没有任何其他理发工具，所以头发都是长长的，散乱地披在肩上和背上。

娃母50多岁了，久经风雨、黑里透红的脸上，刻下了不少皱纹，加上明眸皓齿，显得很精神。她腰间围了一块兽皮，脖子上挂着一串用海蚶壳穿成的项链，手里拿着一根尖头的木棍。

阿垂有三四十岁，小累、小巢也就十五六岁，她们全都是细长的身子，也有肩上搭块兽皮的，也有腰间系块兽皮的，手中拿着木棍或石块，但是脖子上都没有悬挂项链。她们跟着娃母，像鱼儿游水似的，一个接一个地走着。

孩子们有的也拿着根木棍，但都是“赤条条来去无牵挂”，前呼后拥地奔跑着。

他们来到河边，逆着水流的方向往北走，一路上摘着椿芽，捋下榆钱，挖着刺儿菜、苦苦菜等各种野菜，把它们放在摊开的兽皮上，准备带回去。他们都很清楚：哪些是好吃的，哪些是可以吃的——虽然不太好吃。

小河上游折向西北，河床这边出现了一片沙石滩，水的主流冲刷着对岸，但在这边沙石滩上，也有清且浅的一层水，钻缝觅洞，或者径自冲过石面，向南奔流着。

孩子们最喜欢水了，他们立刻跑上沙石滩，玩着水，捡些小石头。他们知道：不一会儿大人们也要到这里来休息、喝水，甚至洗洗身子的。

小淘是个七八岁的胖小子。他什么都吃。除了跟大人们吃过各种嫩芽、野菜、兽肉外，还吃过蜗牛、蚂蚱、屎壳郎等小虫子。天牛的幼虫最好吃了，在火上烤一烤，就跟我们现在吃油炸花生米一样香。有一次，小淘看见蜘蛛在吃虫子，就把蜘蛛抓来塞到嘴里，说：“你吃它，我吃你。”可是蜘蛛不好吃，他连忙吐出来，以后就再也不吃了。

这会儿，他又在沙石滩上找小螺、蛤蚌吃。

吃着，吃着，他忽然看见一群小鱼在沙石滩上一小股水流里搁浅了，急得乱钻乱蹦，立刻伸手抓过一条来，塞进嘴里。

“好吃吗？”

小淘回头一看，见是阿浑，便不愿意搭理他。

可阿浑仍然执拗地问：“好吃吗？”

“好——吃！”小淘不耐烦地答应了一声。

阿浑也立刻抓起一条小鱼，塞进嘴里。

小累、小巢走过来了，她们叫道：“哟，这能吃吗？”

阿浑很快地将小鱼嚼碎，吞下肚去，也转过身去问小淘：“哟，这能吃吗？”

小淘说：“你不是吃了吗？”

说得大家都哈哈大笑起来。

这时候，娃母、阿垂她们全都过来了。

娃母一看阿浑也在这里，就问他：“你不是跟兮爷他们打猎去了吗？”

“他们走得太快，我跟不上。”

“兮爷和巫爷同我一般老了，都能跟得上，你一个壮年人，会跟不上？再这样，你就别在我这儿待着。”

“我今天不舒服。”阿浑嘟嘟囔囔地说。

娃母还要说他两句，只听小累、小巢她们叫嚷起来了：“哎哟！难吃死了！”

娃母听说他们抓生鱼吃了，就对他们说，她小时候，姥姥给她吃过烤鱼，不但不腥，而且味道还很鲜美。

接着她又问孩子们："鱼多吗?"

"多多的!"

娃母就让大家抓一些来，带回去烤着吃。

娃母他们回到山顶洞里，就开始烤鱼。小淘、阿浑几个把采来的椿芽、榆钱和刺儿菜、苦苦菜等野菜搭配着，分成许多份。

不一会儿，打猎的也回来了。

阿夸，一个膀阔腰圆、身高腿长的中年汉子，一手拿棍棒，一手提了只狼，第一个冲进洞里。接着是小遂，一个十四五岁细瘦的少年，提了只獾子跟着跑了进来。可是接着进来的几个男人，只拿着棍棒，却没有猎获物。最后进来的是拿着大拐杖、迈着大步的兮爷和没有拿拐杖却喘着粗气的巫爷。

兮爷坐下来，叹了口气说："难哪——阿夸跑得快，才逮了只狼，小遂这孩子也不错，打了只獾子——这是他第一次打到这么大的野物。"

"好啊，值得庆贺!"娃母安慰他们说，"打猎是不像我们采集这么靠得住的。好在今天逮了些小鱼儿，烤着吃挺香的。犒劳犒劳你们。"

很多年轻人第一次吃烤鱼，都觉得这玩意儿味道挺鲜美的，都啧啧称赞。

娃母说："大家爱吃鱼，这好办。这东西今年多的是，又不像狼那样会咬人。"接着，她对兮爷说，"休息一会儿，你带着大家去抓鱼，我和巫爷去打芦柴，来烤狼和貛子。”

“空手能抓多少鱼啊!”兮爷摇着头说。

“你不是办法多么?”

“大家一起来想法子吧!”兮爷答应了，又对阿垂说，“你也出个主意。”

阿垂他们几个人商量了一阵子，就领着小遂、小累一伙，拿着石斧去砍了一些小树干回来，用刮削器把梢头削尖，再放在火上烧一烧，说这样更结实些。

兮爷知道阿垂是想用这东西去刺鱼，高兴起来了，便坐到他那绳结架前出起神来。

原来兮爷有一个绳结架，是和巫爷合伙编起来的。那是用一根长绳横挂起来，上面挂了许多直绳，三条绳一组，拉来拉去结起来，用来记事的。他们常说:“年纪大了，很多事情容易忘。”有什么事，在某一组直绳上打个结，就不会忘记了。

这时候，兮爷对着绳结架出了会神，又看看山洞角落里的蜘蛛网，不由想起了当年在蜘蛛网的启示下用草编成草兜，逮住兔子的事来。

那是在兮爷年轻的时候，当时他们住地附近有许多兔子。兔子可狡猾呢，它住的洞有三个洞口，你守住这个洞口，它就从另外的洞口逃走了。

怎样才能把狡猾的兔子逮住呢?

有一天，下着雨，兮爷躺在洞里，看着洞顶上的蜘蛛结网，只见它结完网以后，爬到洞的角落里守候着。不一会儿，一只虫子飞过来，撞在网上，粘住了。虫子挣扎着，蜘蛛网轻微地抖动起来，通过一根蜘蛛丝，传导到洞角里的蜘蛛那儿。蜘蛛立刻爬了过来，用蛛丝把这虫子牢牢地缠住。

蜘蛛的动作启发了兮爷。他跳起来，招呼了几个小伙子，冒雨就去找兔子洞去了。

常言道：兔子不吃窝边草，兔子窝洞口的野草特别茂密，使敌人难以发现它的洞。兮爷他们把两个洞口的草结成兜，罩住洞口；然后从另一个洞口轰兔子，兔子惊慌地从这两个洞口蹿出来，落在草兜里了。

兮爷他们用这个方法逮住过很多兔子。

现在能不能用这样的方法来逮鱼呢？

年老的兮爷想到这里，就把绳结架上的绳子，照着蜘蛛网的样子编了起来，编成了个八角形。

阿垂做完了刺鱼的叉，走了过来，一看就知道兮爷想用这东西来捕鱼，便提出了个问题："这样怕不行吧？鱼不是会从边角上跑了么？"于是帮着兮爷，用一根根长绳把直绳联结起来，做成一张长条形的网。

娃母、阿夸、小累、小遂全都跑来看热闹，围成了一堆。小淘挤不进来，他便从山洞角落里，在地上爬着，钻进网子底下来看。

娃母指着小淘喊道："呀，鱼跑出来了！"

说得大家都哈哈大笑起来。

兮爷和阿垂却陷入了沉思。

太阳偏西了。

兮爷领着大家来到了沙石滩。阿夸、阿浑、小遂、小累拿着鱼叉就要去刺鱼，被兮爷拦住了。

兮爷说：“你们看过河狸筑巢么？它们将巢筑在浅水里或河岸上，然后衔来树枝，筑起拦河坝，使水升高，让水将窝巢的两个洞口淹没，使敌人找不着它们的住处。”

小巢点了点头，似乎有所领悟。可是阿浑把头摇得像拨浪鼓似的，他不懂兮爷说这个干什么。只听兮爷又说：“我们现在也把河道拦起来！”于是他便不再细想，跟着大家搬石块，拾树干，在河道上拦腰堆了一条堤坝。

哗哗的流水，碰到堤坝，流不过去了。水位升高了，于是另找出路，向沙石滩这边流过来。沙石滩渐渐淹没了，只有一些大石头还露在外面。

兮爷和阿垂把那张编好的网，横着张开放在沙石滩尾下游河道上，两头系在河两岸的小柳树上。

布置好了，兮爷跟大家说：“准备好，在沙石滩上抓鱼吧！我们要打开堤坝了。”

说着他把堤坝中间几块大石头搬开，水冲进了主河道。

沙石滩上的水渐渐浅了，许多大小鱼儿在石头中间乱蹦乱跳。阿夸、阿浑、小巢、小遂他们拿起鱼叉，拣大个的乱刺。小淘他们没有鱼叉的，就用双手去抓。

兮爷跑到张网的地方去看，渔网被水流冲得漂了起来，他对站在沙石滩尽头的阿垂说：“鱼跑出去了——娃母说对了。”

阿垂说：“不要紧，我想出了个办法。”

说着，她捡了一些长条形的石头，把它们一个一个地系在网下端的绳子上。这一来，网的下端被石头坠着，就沉下去了。

有的鱼从沙石滩上直接游进了主河道，有的鱼逆流而上，再从堤坝决口游进了主河道，还有新从上游下来的鱼，也通过堤坝决口游进了主河道。它们最终都游到了渔网跟前，在渔网上乱闯乱碰。

兮爷在沙石滩上走了一转，见阿夸他们刺了好多条鱼，用一根根杨柳枝穿了起来，搁在岸上。再看沙石滩上，就剩下些小鱼在蹦跳了。就对阿夸、阿浑、小遂说：“你们到阿垂那儿去帮着拉网，我再把堤坝堵起来。”

兮爷把堤坝堵起，水又往沙石滩这边流过来了。主河道的水慢慢浅了，大小鱼儿一齐向渔网那儿冲去。

“抬网呀！”

阿垂指挥着阿夸、阿浑、小遂，一齐把渔网抬起，大大小小的鱼儿在网上乱蹦乱跳。他们把网抬到岸上，叫小累、小巢、小淘他们帮着来抓鱼。

大鱼抓完了，剩下些小鱼钻在网眼里乱摇乱摆，但他们看不上眼，于是仍由阿垂、阿夸、阿浑、小遂抬着网张挂在下游河道上。

忽然，他们看见一条草鱼在主河道浅水里跳了起来。

嚯，这条鱼真大啊，足有小孩儿那么长！

阿垂、阿夸、阿浑、小遂一齐跳入水里，东抓西摸地来捉。草鱼急了，从这个胯下钻出来，又向那个胯下钻过去。最后阿夸看准了，一下扑过去，把大草鱼抱住了。大家帮着，抬到了岸上。

太阳快落山了。兮爷看捕到的鱼不少了，就指挥大家收起渔网，提着一串串的鲜鱼，回山顶洞去。

跑在最前面的是身高腿长的阿夸，他紧紧地抱着那条大草鱼，草鱼还在一甩一甩地抽打着尾巴挣扎着。

故事讲完了。小红第一个下评语：“故事还有点意思，只是那些人名，什么娃母、兮爷啰，小遂、小巢啰，古里古怪的。”

黄爷爷解释道：“这都是根据神话传说中的人物取名的。神话传说中不是有个女娲吗？所以就来了个娃母……”

“那小遂、小巢呢？”东火抢着问。

方冰说：“燧人氏钻木取火，有巢氏构木为巢嘛！”

“那为什么不用他们的本名呢？”东火又问。

黄爷爷说：“那是因为有些事迹不完全相同啊！譬如兮爷吧，传说中有个伏羲氏，他会渔猎，这和我们故事中的人物有点像；可是伏羲氏又画八卦，山顶洞人时期还没有这么进步啊——就连结绳记事或记数以及用网捕鱼我都觉得早了点呢——所以只用了他名字的一半，而且还是同音字。还有阿浑、小淘、阿垂、小累，总之都是根据神话传说人物起的名。”

小红听了，连连点头，小辫儿跟着一动一动的。

可是，方冰又提出了个问题：“不是先有母系社会，后有父系社会吗？怎么前面讲的‘北京人’故事是老头儿为头呢？”

黄爷爷解释道：“‘北京人’时期称为原始人群时期，还没有进入氏族社会。那时候女的男的都可以为头。到现在讲的母系氏族社会就经常是妇女为头了。为了避免重复，我在前面讲‘北京猿人’故事的时候，就找了个老头儿为头。至于父系氏族社会，那还在以后哩！”

杀 象

月明星稀，晚风送爽。经过一天的劳动和学习，三个同学现在又坐在山顶洞口，听黄爷爷讲故事。

在讲故事前，小红谈起在展览馆里看到的那张《山顶洞人猎象图》说：“真是画得栩栩如生啊！”

东火接着说：“有些观众看了这幅画便问，谁见过‘山顶洞人’猎象呢？其实，画家是根据山顶洞中发掘出的实物，再加上自己的想象画成的。”

“可是，”方冰又提出了新的问题，“山顶洞中并没有发现矛头呀?”

小红抢着说：“有一根磨过的鹿角残段，科学工作者认为，可能是一种矛头。”

东火补充说：“而且在世界其他地方，这一时期已经发现有带矛头的矛这种复合工具了。”

方冰说：“那就不应当叫《山顶洞人猎象图》，而应当叫《山顶洞时期猎象图》了。”

“对，”黄爷爷点点头说，“我今天正要讲一个猎象的故事，也是‘山顶洞时期’的。”

兮爷领着大家抬着捕获的各种鱼回到山顶洞以后，立刻在洞里摆开了“百鱼宴”——烤狼和烤獾子倒成了配菜。

娃母、阿垂、小累不停地烤着鱼，小巢和小遂把烤好的鱼分给大家。大家围着火堆坐成一圈，高兴地吃着。

兮爷吃了两条鱼，不想吃了。摸了摸白胡子说：“够了，够了。不用再烤了!”又回过头来拍着小淘的脑袋说：“小家伙，别吃多了！有吃的时候要想着没吃的时候!”

小淘脑袋一歪说：“怕什么，能吃的东西多着哩——兮爷，明天打个大老虎吧!”

兮爷听了哈哈大笑，说：“这个小家伙，鱼还没吃完，又想吃老虎肉了——老虎可不好打啊!”

娃母听了这一老一小的谈话，说：“我们储藏洞里，还藏着一只大老虎哩!”

“我怎么没看见？”

“我也没看见！”

娃母见大家不信，就说：“你们知道我们这个洞是怎么发现的吗？”

小淘抢着说：“不就是前些天，您领着我们搬进来的么？”

娃母说：“我说的不是这次。是那年，我还只有小淘这么大哩。姥姥揣着火种，领着我们来到这里，想找一个住的地方，找了好久没有找着，最后来到这边山脚下。

“走着走着，忽然看见一只梅花鹿飞一般地跑了过来。大家刚想去追，发现后面还跟着一只大老虎。

“梅花鹿跑上山顶去，钻进一个洞里，老虎赶上来，也跟着钻了进去。

“姥姥见了说：‘那上面有个洞啊！等老虎走了，我们去占住那个洞。’

“可是等啊，等啊，老虎一直没有出来——当然梅花鹿也没有出来。

“有人说：‘说不定，那就是老虎住的洞呢！它吃了鹿，就在洞里睡大觉了。’

“可是，几天过去了，老虎还是没有出来。

“这时候，有几个胆大的，就偷偷地溜到山洞边，躲在岩石后面，一面向洞里掷石头，一面大喊大叫，还是一点动静也没有。

“有几个更胆大的，决定打着火把，进洞里去看看。他们走进洞里一看，才知道原来是这么一回事。”

“你们可知道是怎么回事吗?”娃母故意问。

阿浑说:“不知道!”

小巢说:“我们怎么会知道呢?”

小遂说:“您快讲吧!”

只有阿夸说:“大概是像兔子似的，从后门走了吧!”

“不是。”娃母笑了,“我们这个洞哪有后门呢?”

“掉进井里去了，掉进井里去了!”坐在兮爷身边的小淘忽然大叫大喊起来。

娃母看了小淘一眼，接着说:“对了，掉进井里去了!原来这个洞的里面——也就是我们现在的储藏洞——的深处，有一口旱井。当时梅花鹿钻进洞，只顾逃命，拼命往里窜，糊里糊涂，就掉进井里去了。老虎呢，为了吃鹿肉，拼命往里追，糊里糊涂，也掉进井里去了。”

“后来把它们抓上来了没有呢?”小淘好奇地问。

“井深着哩!下面又有老虎，我们可不能只顾吃老虎肉，也掉进井里去啊!

“当时姥姥说:‘把它填了吧!’于是大家七手八脚，连鹿带虎，一起都给埋起来了。”

小淘还在说着“可惜，可惜”，忽然，兮爷把大腿一拍说:“咱们能不能来挖一口陷阱呢?”

“对，咱们挖它一口陷阱，逮只大老虎吃!”小淘高兴得大声嚷嚷起来。

大家商量了一阵子，最后决定先作一番调查研究。

根据阿夸、小遂的侦察，每天傍晚，有一群野象，从西边森林里，沿着小草原上的一条小路，走到河边来饮水，饮完水，又沿着原路回去。

娃母、兮爷领着大家去察看了那条路，挑选了一块泥土比较松软的洼地，作为布置陷阱的地方。

娃母命令：第二天一早，所有大人、小伙子和姑娘们，由阿垂带领，都参加挖陷阱的工作。

挖完陷阱，所有青壮年男人，都带上长矛、大石块，埋伏在陷阱周围，由兮爷带领，准备参加战斗。

所有老弱、妇女和小孩都去采集，阿垂和姑娘们挖完陷阱，也去采集，由娃母带领。

娃母刚分派完毕，巫爷第一个提出了请求，他说："为什么兮爷能参加战斗，我不能参加？"

娃母看了看他，问："你行吗？"

巫爷跳了几跳，说："怎么不行？"

娃母说："那你就参加吧！"

接着小巢也提出了请求，说她也要参加战斗。

娃母想了想说："你会爬树，你爬到那棵大树上去瞭望，有什么情况，不要喊，打个手势通知大家。"

最后，小淘也吵着，说他要跟小巢一起到树上瞭望。

小巢讥笑他说："你这只小猪，也会爬树？还得我照看你，一不小心，掉进陷阱里，大象会把你踩死。"

气得小淘要哭了。

娃母连忙安慰他：“我带你去采集，采许多好吃的。”

“不给巢丫头吃！”小淘说。

“也不给你吃大象肉！”小巢还不放过他。

娃母连忙止住小巢，说：“给，怎么不给。”便拉着小淘走开了。

明确了任务，大家就分头去做准备工作。

阿垂教小遂、小累他们，把一块块石片捆绑在木棍上做成石铲。

兮爷仿照着阿垂，带着阿夸、阿浑他们，把一块块尖锐的石器，捆绑在长树干上做成长矛。他自己还用一块大石头，捆绑在木棍上做成石锤。

小巢呢？她爬上那棵大树，学着小鸟，用干枯的大树枝横七竖八地搭起来，做成了一个大鸟窝。

第二天清早，太阳还没有出山，阿垂就把石铲分发给阿夸、阿浑、小遂、小累他们，领着大家来到了计划挖陷阱的地方。

她拿了根树枝，在地上画了个圈，要大家在圈里使劲挖。

大家立刻干开了。先用石铲把泥土挖松，然后用手捧着，或是用狼的头壳舀着，倒在摊开的兽皮上，包好，背出去撒掉。

那时候的工具实在太原始了，大家虽然拼着命干，可是工程进度依然很慢。

阿垂着急起来了，一使劲，石铲碰在一块石头上，冒出了几颗火星，阿垂注意到了这一现象。可是由于石铲脱离了木柄，飞了起来，她就没有再深一步想这个问题。

大家拼命干了老半天，才挖出了一个一人多深的坑。阿垂嫌太浅，要大家继续挖，可是阿夸看了看快落山的太阳说："不行了，怕来不及了。"

于是只好停下来不挖了。

阿垂带着小巢她们，把几根树干搭在坑上面，再盖上几块兽皮，铺上干草，洒上泥土，弄得平平整整的，上头还放些小草，远远看去，真看不出这儿有个陷阱。

一切安排好以后，阿垂和姑娘们——除了小巢——就找娃母她们去了。

兮爷和巫爷、阿夸、阿浑、小遂等几个人，拿着长矛和石锤，分头埋伏在陷阱周围。兮爷还关照大家埋伏的时候要安静，等象一落坑，就要大喊大叫，奋勇向前，从它的背后往死里打。

小巢爬上了树，坐在她自己搭的大鸟窝里。她向西一看，哈，几头大象真来了。她立刻把手用力向下一挥，大家马上一声不响地埋伏好。

几头大象，由一头老象领着，踱着方步，吃着路边的小草，慢腾腾地走过来了。

走着走着，老象走到了陷阱跟前，停住了，它用鼻子在陷阱上碰了碰，"哼"了一声，仿佛说："哼，骗不了我！"就转过身来，绕过陷阱，走了。其他的大象，也跟着它，绕过陷阱，走了。

躲在一块大岩石后面的小遂，悄悄伸出头来，一看大象都走了，急得直冒火，正想跳出来去追击大象，可是他的肩膀被一只大手按住了，回头一看，原来是兮爷。兮爷指了指树上，他抬头一看，看见小巢的手还是向下按着。他吐了吐舌头，扮了个鬼脸，只好继续趴在地上。

这时候，传来了一阵窸窸窣窣的声音，小遂探头一看，啊，原来又来了一头小象。

虽说是头小象，也比大老虎大得多。可是它年纪小，贪玩，一边走，一边东瞧瞧西望望，不知不觉就掉了队。

小象走进埋伏圈，好像感觉到有点异样。抬头一看，大象早走远了。它有点慌张了，赶紧加快步伐，向前追去。

“噼啪！吭——咚！”

小象踏上陷阱，树干折断了，它随着树干、兽皮、泥土一起栽进了陷阱。

“打呀！”小巢举起双手，高声喊起来。

“打呀！”兮爷立刻举起石锤跳起来，高声大喊。

接着，所有埋伏在周围的勇士们，都跟着跳了起来，高声大喊。他们跳到象的后面和侧面，用长矛，猛刺在小象身上，用大石块，重重砸在小象身上，兮爷的大石锤，高高举起，重重打下来，一下，一下，又一下。

困兽犹斗。小象憋足了劲往上一蹿，脑袋伸出了陷阱，两只前脚也搭到了陷阱边上。看样子，只要再奋身一跃，就有可能跳出陷阱逃走。

阿浑急了，抢到小象前面，举起长矛，向小象刺去。这一刺，真准！不偏不倚地正好刺在小象的右眼上。

小象的右眼被刺瞎了，它痛得把头一摆，鼻子一卷，一下就把阿浑摔了个嘴啃泥，正跌在陷阱边上。接着小象的长牙又在他的腰上划了一下，鲜血立刻从象牙划过的地方流了出来，阿浑痛得晕了过去。

幸亏这时候小巢已经下地，她连忙过来把阿浑拖开，要不然小象的长牙再在他身上划几下，阿浑准得当场送命。

兮爷、巫爷、阿夸、小遂他们，当时也顾不上阿浑，只是发疯似的大叫，巫爷还喃喃念叨着什么。他们不断地把大石块向小象身上猛砸，把长矛不断地向小象身上猛刺。兮爷将石锤不断地向小象身上重重打下去，一下，一下，又一下。

小象奋身跳跃了几次，都没有跳出陷阱。它遍体鳞伤，好几处还直冒鲜血。

最后，它再也挣扎不动了，有气无力地低了头。

但是勇士们还在不停地砸着、刺着、打着、叫喊着，巫爷在一旁不停地念叨着。

小象倒卧在陷阱里，连动也不想动了，只是拼命地喘气。可是，只能出气，不能进气了。

小红听完了故事，立刻拍手叫好：“真有意思，这时候的人已经大有进步了。”

东火这次没有向她瞪眼，他赞同地说：“是呀，这时候的人已经会用陷阱猎取大动物了。”

黄爷爷点点头，看了看方冰。

方冰说：“我听出了点漏洞。”

东火和小红连忙问他什么漏洞。

方冰说：“小巢叫小淘‘小猪’，意思是说他很笨……”

“而且又懒又馋。”小红连忙插嘴。

方冰没理她，只顾说下去：“这是我们对家猪的概念呀！那时候还没有饲养家畜，只有野猪，而野猪是相当灵活、凶猛，甚至是比较聪明的动物哩！”

“那它也不会爬树。”小红连忙辩解，说得大家都笑了起来。

东火受了启发，就说：“那小淘叫小巢‘丫头’，也不对吧！‘丫头’这名称出现更晚，这是对女孩儿头发打扮的形象化的称呼，后来才成为小女奴的贱称。而这已经是阶级社会的事情了。”

“不过也没什么，”方冰也辩解起来，“《三国演义》里面很多词汇，不都是三国以后才出现的吗？”

黄爷爷听了，高兴地摸着白胡子说：“好呀，大家这样肯动脑筋，以后我讲故事，可更得小心了。”

十 学 艺

外面淅淅沥沥地下着雨，雨水顺着窗玻璃流着，今晚的故事会，只好在屋子里举行。

东火说："我听了几天故事，得到一个印象：似乎原始人整天就是为了物质生活而忙碌着。"

"而且只是为了吃和住。"小红补充说。

"你还要他们干什么呢？"方冰带点嘲讽意味地问。

"还要精神生活！"东火说。

"发明创造呀，文化娱乐呀！"小红补充说。

"怎么没有？"方冰答道，"发明用火呀，跳舞歌唱呀！"

黄爷爷笑了笑说："不错，原始人为了生存，与自然斗争着。但是在斗争中，人们也在不断地提高生产力，丰富精神生活——虽则是非常缓慢的——今天我就讲一个技术革新的故事。"

这一天，下起了雨。雨水从洞口的石檐上流下来，就好像挂了一张门帘似的。

储藏洞里还有不少野菜、鱼和象肉，用不着出去采集和打猎。可是阿浑发着高烧，说着胡话，伤势在恶化。娃母知道有一种治伤的草，要兮爷跟她一起出去采药。她嘱咐巫爷和阿夸看护着阿浑，要阿垂领着小遂他们去打石器。嘱咐完了，就和兮爷各顶了一块兽皮，冒雨出去了。

阿垂在靠近洞口的石桌边，教小遂他们打石器。她打的石器式样真多，有石锤、石斧、石刀、石钻……她还告诉大家说：用鹿角、牛角和各种野兽的骨头，也能制出工具来。

这时候，小淘拿来了娃母那串海蚶壳项链，说早上绳子断了，娃母没有挂，让阿垂给换一根绳子。

阿垂一瞧那根断了的绳子，确实已经破旧不堪，还有好几处现出了裂口，不能再用了，就把它扯下来，另外拿起一根牛皮筋，想把它换上去。

海蚶壳散在石桌上。小遂、小巢、小累、小淘几个人一人拈起一个玩。小累还拿起一块石钻，把钻尖伸到海蚶壳的洞里挖着。

巫爷走过来，看见大家在摆弄海蚶壳，大惊小怪地说：“你们可别乱动这个！这是娃母的宝贝，还是她姥姥传下来的，听说是从海边弄来的。”

“海？什么叫海呀？”小淘好奇地问。

“海呀，就是水，很多很多的水。”

“比小河里的水还多吗？”

“多！小河里的水算什么？至于海，那是一眼望不到边的水。”

大家都被海吸引住了，想象着海的情景。只有小累噘着嘴，因为巫爷不许她们“乱动”海蚶壳项链。她生气了，心想，有什么了不起的，我们也做一串戴戴。没有海蚶壳，不会用别的做么？

她把这想法跟小巢说了，小巢很同意。她俩就跑到扔骨头的垃圾堆里去翻捡。小累找出几根鸟的管状骨，说它们比野兽的骨壁薄、孔大，适合做项链。小巢找了半天，找出了两个牙齿：上次小遂打的獾子和阿夸打的狼的各一个牙齿，还有阿夸抓的那条草鱼的一块眼骨。

小累用石刀把鸟骨横着砍成一段一段，用一根牛皮筋穿起来，两头一结，就做成了一串项链。她把它挂在小巢的脖子上，说这是奖励她在猎象中侦察的功劳。

“好呀，巢丫头也成了娃母了！”小淘拍着手高兴地叫喊着。

大家一看小累项链做成功，兴致都来了，也都争着要小累、小巢帮忙选材料，学着做起来。

阿垂把海蚶壳项链修整好以后，把它挂在小淘的脖子上，说：“你也做个娃母吧！”

小淘高兴得合不拢嘴，挂着海蚶壳项链到处炫耀去了。

接着阿垂又拿出十几个扁圆的小石头，对小遂说，她想在每个上面钻一个窟窿。小遂问她干什么用。她说：“你还记得我们那渔网吗？上次咱们捕鱼的时候，我不是在网底下系了好多长条石头吗？后来一看，掉了好几个。我想要是也像海蚶壳那样钻一个窟窿，把它穿起来，系在网子底下，那不就掉不下来了吗？”

说着，她就和小遂各拿起一块扁圆小石头，放在石桌上，左手按着，右手拿起一把石钻，把钻尖对着石子中心，使劲地钻了起来。

阿垂钻了老半天，石子上才出现了一个小坑，但她仍然不停地钻着、钻着，累了，就停下来，歇一会儿，接着再钻。小坑慢慢扩大，成了一个圆坑——这是人用手做出的第一个“圆”。

小淘走来看见了，他拍手喊了起来：“月亮，月亮！”他的意思是说，这个坑像满月那么圆。

可是那时候的石钻，不像我们现在的钻针那样细长。它下端有个尖，只是上面很快就变粗了。所以钻了一会儿，就钻不下去了。小石头虽然薄，还是没有能钻透。阿垂拿起石头翻来覆去地看了半天，没想出什么办法，就掉过头去看着小遂。

小遂也在学着钻。他虽然也挺起劲地干着，可是却没有阿垂那么有耐心。他一会儿拿起这个钻一阵，一会儿又换那个钻一阵，这面钻几下，没有钻通，又翻过来钻那面。钻得石头孔发烫了，他就拿到洞口让雨水把石头冲凉点。

阿垂本来想骂他几句，可是当她拿起一块两面都钻过的石头看了看后，忽然有了主意，连忙把自己钻过的那块石头翻过来，从反面钻下去。

钻着、钻着，胳膊酸痛起来，正想住手，忽然轻微的“嗵”的一声——不是耳朵听见，而是手感觉到——她连忙拔出石钻，把小石头对着光亮一照，哈！透光了，钻通了。

阿垂高兴极了，把几个姑娘和小伙子叫拢来，告诉他们说，像小遂那样，两面对着钻是对的，滴点雨水钻大约也是对的，不过一定要耐心、耐心，第三个还是耐心。听了阿垂的话，小遂受到了鼓舞，立刻拿起自己那块两面都钻过的石头，又耐心地钻了起来。

忽然小巢跑到他跟前说：“我把你的牙齿找出来了。”

小遂停下来，白了她一眼说：“什么‘我的牙齿’？”

小巢格格地笑了，说：“我是说你打的那只獾子的牙齿。”

“那又怎么样？”

“我要把獾子的一颗牙钻个洞，穿起来，奖给你。大家一看，都知道你打过一只獾子了。”

“我就为这个才去打獾子的吗？”

“你当然不是为这个，可是让大家向你学习呀！谁打的野兽多，谁挂的兽牙就多——这是荣誉！”

“我可不要！”小遂大声地喊了起来。

不一会儿，娃母提着兽皮包，和兮爷一起走进了山洞，只听见大伙儿大吵大闹，大哭大叫。

娃母丢下兽皮包，轻轻地喝道：“阿浑病着呢，你们吵什么？”

大家立刻安静了下来。

娃母解开兽皮包，捧出一捧草药——我们现在叫旱莲草和墨汁草——交给巫爷和阿夸，要他们捣碎了，敷在阿浑的伤口上。

草药拿走以后，兽皮包里还剩下几块石头。这些石头跟一般的石头不一样，黑红黑红的——这是兮爷捡来的红铁石。

兮爷把这些红铁石倒在石桌上，随手拿起一块，在石桌上划着，一划，桌面上就出现一条红道道。小淘眼眶里含着眼泪站在一旁看着。

巫爷走过来，瞧了瞧，拿走了一块，说这个可以做药——可谁也没理会他这句话。

小累、小巢走过来，看到这玩意儿能划出红道道来，很感兴趣。小累偷偷对小巢说：把它擦在阿垂和小遂钻的小石头洞眼里，不是挺好看么？小巢点了点头，于是她们也拿走了一块。

这时候，娃母才问大家，刚才为了什么事争吵。

大家七嘴八舌地告诉娃母说：巫爷把挂在小淘脖子上的海蚶壳项链拿走了，说这是娃母的宝贝，你怎么敢戴？弄得小淘大哭大叫起来。接着他又把小累、小巢她们做的鸟骨管项链、狼牙、獾牙、草鱼眼骨项链也统统没收了。小累、小巢跟他争辩，说这不是海蚶壳项链，巫爷说不行；说这是我们自己做的，巫爷也说不行！在巫爷看来，只有像娃母这么老的老太太、又是领着大家过日子的头头才配挂项链，别人可不行，不管是什么项链或者谁做的。听他的口气，谁做了、谁挂了项链就是大逆不道似的。另外，他还责怪阿垂，不该带着他们“钻”石头，自古以来都是“打”石头，谁见过“钻”石头呢？

阿垂耐心地给他解释说：“我这是做了吊在网子上的。”可是巫爷根本不听她解释，只是说这种事儿过去从来没有人做过。

于是阿垂反问他：“那做网捕鱼也不应该啰？那你们编那个绳结架，过去也没有人干过，也不应该啰？”

巫爷张大了嘴，一时找不出适当的话来，就改口说：“做网捕鱼还可以，可是挂狼牙、獾牙可不行。你打死了狼和獾子，还要挂它们的牙齿，它们不会来咬你么？”

小巢又好气又好笑地说：“它们都死了，还怎么来咬？”

小累也说：“即使是活狼，它看见挂着它兄弟的牙齿，一定会吓得赶紧逃跑的。”

可是巫爷还是固执己见，认为除了娃母，别人都不应该挂项链。

娃母听完大家的汇报，支持了年轻人的意见，笑着说：“这有什么不应该的？就该我享受这个特权么？”

她从巫爷手中接过项链，把那串海蚶壳的项链挂在闷闷不乐的小淘的脖子上，又拿起那串鸟骨管的项链，问：“这是谁做的？”

大家说：“是小累做的。”

娃母正要把这串项链给小累挂上，可是小累说：“我给小巢了，她在猎象的时候，侦察情况，出了大力。”

娃母高兴地说：“这主意很好，为集体办了好事的人，应该表扬。”于是把鸟骨管项链郑重其事地套在小巢脖子上。

最后，娃母举着狼牙、獾牙、草鱼骨项链说：“那么，这些项链应该表扬抓回狼、獾子和草鱼的人了，对吗？”

小巢、小累一块儿笑着回答说：“对！对！”

于是，娃母把獾牙项链郑重其事地挂在小遂脖子上，把狼牙、草鱼眼骨项链也郑重其事地挂在阿夸的脖子上。

娃母还宣布：今后，凡是为集体做了好事的，凡是有所发明创造的，都应当表扬。

可是，发明钻石头的阿垂却没有得到任何表扬，她也不认为自己应该得到什么表扬。

也许是因为屋子里气闷，也许是窗外单调的雨声，也许是故事不带劲，小红有点倦意，打了个呵欠。

东火也觉得在山洞里钻石头，没有在野外捕鱼、猎象有意思，显得无精打采。

方冰这人真怪，别人认为没有意思的，他偏觉得有意思。这时候，他却兴奋地议论起来，使得小红和东火也不禁注意起来了。

方冰说：“这故事很有意思。第一，从打石头到钻石头，这是人类历史上的一项重大技术革新，是应该专门编个故事的；第二，最初为了生产，后来又搞起装饰品来，这也是反映了文化的发展；第三，装饰品不光是为了装饰，除了配合生产，如做网坠外，还有一种新的含义：作为光荣的标志。我想：作为领导者，对模范人物应当表扬，以推动事业前进；可是，作为个人，则不应当计较。例如，阿垂就有这种共产主义风格。”

方冰越说越离奇。东火不禁反问道：“那时候就有共产主义风格么？”

“怎么没有？”方冰说，“那时候是原始共产主义社会，由于生产力低，大伙猎获的野兽还不够吃的，所以也就没有什么私有观念，也就不可能产生私有制，更谈不上阶级和剥削，那时候的时代精神就是无私无畏嘛！”

埋尸

白天晴了一天，偏偏晚上又下起了倾盆大雨，故事会只好在廊庑下举行。

小红说：“原始共产主义社会没有私有制，没有剥削，整天吃鱼、吃肉，搞点发明创造，多好啊！”

东火立刻加上一句：“简直是黄金时代呀！”

“啊，不，不！”黄爷爷连忙摇头说，“从来没有过什么黄金时代，原始人是完全被生存的困难压迫着，在与大自然的斗争中，生活艰苦极了，平均寿命也很短促，甚至随时都有死亡的可能。另外，由于生产力很低，所以人们必须联合起来，结成集体，共同劳动。劳动产品也就归大家所有，平均分配，每人得一点点。”

“是吗?”小红把辫子一甩说，“怎么我听了前面的故事，觉得他们的物质生活和精神生活都挺好呢?”

这时候，方冰用右手拇指顶了顶眼镜横梁说：“那是黄爷爷挑选出来的原始人的战斗胜利故事啊！这样才能提高我们的勇气，鼓舞我们的斗志。如果把原始人类史写得凄凄惨惨、悲悲切切的，那对我们有什么教育意义呢——至于黄金时代，只有到了阶级消灭、全人类都自觉地改造自己和改造世界的共产主义时代，才是人类的黄金时代哩！当然，那时候，也还是有矛盾，要革命的。”“对，”黄爷爷点点头说，“彻底的唯物主义者总是乐观、积极、无所畏惧的——今天我可要讲个唯心主义发生的故事哩！”

山洞外面，下着倾盆大雨。

在山洞角落里，看护着阿浑的阿夸和巫爷忽然争吵起来。

原来，阿夸把娃母采集回来的草药捣碎以后，正要敷到阿浑的伤口上去，可是巫爷不让他敷，说：“敷那个没有用!”

巫爷把从兮爷那里拿来的红铁石研成粉末，抓了一撮，调上雨水，做成了“药膏”，要敷到阿浑的伤口上去。

他有他的理由。他对阿夸说：“阿浑是流血太多了。血是红的。阿浑的脸上一点红色都没有了，连嘴唇都白了，所以应该给他敷上这红铁石药膏。”

阿夸说不过他，只好抬出娃母来说：“这草药是娃母让敷的呀！”

一听是娃母让敷的，巫爷也就不敢反对了。最后只好采取了一个调和折中的办法，把红铁石药膏和草药拌在一起，给阿浑敷上了。

阿浑迷迷糊糊地躺在那里，嘴里不断地说着胡话：“打呀，使劲地打呀！”

巫爷说：“听，那是他的‘魂’跑出去打大象去了。只要把他的‘魂’招回来，他就会好。”

于是巫爷就坐在他身旁，哼哼唧唧地念了起来，大约是叫阿浑的“魂”快回来——象已经打死了，这里有象肉吃哩。

阿浑似乎安静了一会儿。

可是，没过多久，他忽然又喊起“姥姥”来了。

巫爷又说：“那是死去的姥姥的‘魂’来看他了。”

于是，他又换了一种腔调，哇啦哇啦地念起来，仿佛在欢迎姥姥，请她帮个忙，赶快把阿浑治好。

阿浑似乎又安静下来了。

这时候，巫爷摸了摸阿浑身上，有点凉了。他大吃一惊，连忙叫：“把火堆搬过来！火是红的、热的，他需要火！”

天黑了，雨还是哗哗地下个不停。

山洞角落里，搬过来的火堆在燃烧着，人们也都进到山洞深处来了，大家围着火堆坐着。

熊熊的火光，照着躺在山洞角落里的阿浑，照着一旁看护的阿夸和巫爷，也照着围坐在火堆周围的人们。

兮爷和小遂把一根根树枝添进火里去。火烧得很旺，大家都觉得有点热了，可是阿浑的身体却在不断地凉下去。

娃母忽然发言了，大家都静静地听着。

娃母难过地说：“阿浑，我的好孩子，这次回来，虽说还有点糊涂，有时也有点懒——前些天我还说了他——可是这次在猎象中他表现得很勇敢……”

兮爷打断娃母的话说：“叫他不要站到象前面去，他偏去！”

“可大象的眼睛是他戳瞎的。”阿夸称赞说。

“那他自己不也受了重伤了么！”兮爷有点不满地说。

“受伤倒没什么，”巫爷说，“主要是他被大象吓得‘魂’不附体了。”

“什么‘魂’啊！”小累不满地说。

“什么东西都有‘魂’。”巫爷没有听出小累是不满，还以为是请教他呢，就得意地解释起来，“比如说，我睡着了，‘魂’就跑出去了，摘野果子呀，打兔子呀！有时还看见死了的姥姥，这就是她的‘魂’回来了。”有些年纪大的听着都不住地点头，认为巫爷讲得有道理。可是姑娘和小伙子们却不信这一套。

小巢首先反驳他说：“你睡着后摘的野果、打的兔子在哪里呢？”

巫爷先是一愣，随后才慢慢地说："那也只是它们的'魂'啊！"

阿垂不相信巫爷的鬼话，提出了一连串的问题："我们做的石器、骨器也有'魂'吗？在没有做成之前，这'魂'又在哪里呢？小鸟从蛋里出来，这'魂'是新附上去的呢？还是原来就在蛋里呢？小孩生下来以前，这'魂'又在哪里呢？"

巫爷这下可真愣住了，张口结舌，想了半天也回答不上来，只是摇头晃脑哼哼唧唧地念着一些大家听不懂的话。

小伙子和姑娘们看他这个样子，都忍不住笑了起来，巫爷还很生气。

忽然小淘向娃母提出了个问题："我是哪里来的呢？"

"你呀！"娃母笑了笑说，"有一次我到河边去抓鱼，没有抓着，抓了一把泥，我就捏呀捏呀，先捏个脑袋，又捏个身子，还捏了手和脚，做成了个小泥人。我吹了一口气，小泥人眼睛张开了，嘴巴动了，'啊拱——啊啃'地说话了——这就是你呀，这就是我们的小淘呀！不信，你用手搓搓身上，还能搓出泥卷呢。"

娃母的这番话把大家逗笑了，小淘听了也很满意。

"哟、哟——哎！"

躺在角落里的阿浑，叫了一声，动弹了一下，就昏过去了。

天亮了，山洞外面还在下着毛毛细雨。

阿浑最终还是死了。

按照兮爷的意见，把他的尸体抬出去，扔给野兽吃掉算了。

小淘却认为，不如留着给大家吃。

可是巫爷却说不行。他说：“阿浑的‘魂’出去了，他的身体还在这里，要是有一天，他的‘魂’回来了，可身体已经给吃了，‘魂’就没有地方住了。”所以，他主张：“要把阿浑埋在储藏洞里，还要给他留点吃的，用的东西也放在他身边。这样，他的‘魂’一回来，就有吃的、用的，他就能活过来了。”

他这些话，倒也博得一些人相信，特别是年纪大的。

娃母虽然不完全相信他的鬼话，但看到有许多人相信，就没有反对。她还让巫爷负责埋葬工作。

巫爷指挥阿夸他们，在储藏洞里挖了一个坑，把阿浑的尸体放在坑里。然后他右手拿着一个小小的火把，左手拿着一大把红铁石粉末，将粉末穿过火焰，洒在尸体的周围，口中念念有词：

火呀，铁呀；红呀，热呀。
魂呵来呀，来歇歇呀！
来摘果呀，来打猎呀！
吃鱼肉呀，喝象血呀……

如此这般地捣了一阵鬼以后，他停了下来，让大家拿些吃的、用的放到阿浑尸体旁边去。

娃母号啕痛哭，给阿浑送了一条鱼；兮爷也泣不成声，给阿浑送了一块象肉；其他人也都含着满眶热泪，一个跟一个地，有的给阿浑送上一把石刀，有的给阿浑送上一个石钻。

阿垂和小遂、小累、小巢他们没有送吃的，也没有送用的。他们花了半天工夫，做了一串石珠子的项链，挂在阿浑的脖子上，以寄托对死者的哀思。

这串项链是由十来颗小石珠子组成的，每颗石珠子只有草鱼眼睛那么大。石珠做得非常精致。他们挑了一些晶莹的小石子，先把每颗两面磨平，再在中间钻一个洞，涂上红铁石粉，然后用细绳穿起来。

阿垂、小遂、小累、小巢他们做石珠子的时候，除用了“钻”的技术以外，还用了新创造的“磨”的技术。不过这一点只有他们几个人知道，旁的人当时都没有怎么注意。

听完了故事，东火学着方冰的神气发起议论来：“这故事很有意思。说明了人类随着生产力的发展，在意识形态上也有了进步。”

“怎么是进步呢?”小红把小辫一甩，立刻反驳，“不是出现了唯心主义吗?”

“唯物主义是在同唯心主义的斗争中发展起来的啊，否则，唯物主义不是永远停留在朴素阶段么?”东火说完，看了看方冰。

“是啊，”方冰说，“根据当时的历史条件，人们还不能完全解释宇宙，特别是像生死这样的问题，于是只能凭想象，把自然形象化。例如，看见大象流血后死去，人死了面色苍白、周身冰凉，就以为赤铁矿粉末可以赋予死者以血色、温暖和活力。又如，那时人们也做梦，就以为人甚至万物有‘灵魂’独立存在等等。这是原始人生产力低下的必然结果，对吗，黄爷爷?”

黄爷爷笑着说:“你们讲得很好，是这样的。革命导师列宁曾经说过，没有力量同大自然搏斗的原始人，必然‘产生对上帝、魔鬼、奇迹等的信仰’。灵魂观念虽然荒唐，却又以歪曲的形式反映了原始人对自身的一种探求，这是人类对自身认识史上一段不可避免的曲折。然而，在阶级社会里，反动的统治阶级为了统治和压迫劳动人民，就利用这些唯心主义的东西，进一步宣传神鬼迷信，宣扬宗教来愚弄人民。随着科学的发展、历史的前进，这些唯心主义的东西逐渐受到唯物主义的批判。但是，只有在社会主义革命中，以辩证唯物主义为武器，才有可能彻底批判唯心主义，最终破除神鬼、宗教等迷信。”

“对啦，”小红同意了，她说，“上次我到农村亲戚家，有的人还说些神啊、鬼啊的事呢。可见要实现四个现代化，就必须普及科学，破除迷信，提高整个中华民族的科学文化水平。”

忽然，在他们的头顶上空，响起“哇”的一声叫喊，吓得小红怪叫起来。大家忙抬头看，原来是只夜游的鸟。

东火瞪了小红一眼，说：“哼，还要破除迷信哩，连鸟叫都害怕！”

“这可不一样，”小红辩解说，“这可不是迷信，这是突然袭击，这是出其不意，这是突如其来，这是……”说着说着，“扑哧”一声，小红自己先笑了，惹得大家也都笑了起来。

缝 衣

扁圆的月亮在白云里翻滚，天气有点儿凉。黄爷爷要三个中学生多穿件衣服，带着他们坐在展览馆前面的靠椅上。

小红一面扣着毛衣，一面问黄爷爷：“听展览馆的讲解员说，山顶洞里那枚骨针，是您发现的呀！”

黄爷爷笑笑说：“哪里是我发现的，是大家发现的嘛！当时参加发掘的工人不少啊！”

“这么小的东西，”东火问，“你们都没丢下？”

“哪能丢呀？”黄爷爷说，“东西虽小，意义可大呀！它说明……”

方冰一反常态，抢着说：“说明了当时的生产水平——因为制作骨针，需要‘钻’和‘磨’的技术；还说明那时候的人，已经会缝制衣服了。”

黄爷爷微笑着说：“对，我今晚就给大家说个‘缝衣’的故事。”

天阴沉沉的，可是没下雨，大家都出去采野菜去了，只有娃母、小累和小淘留在洞里。

小淘肚子痛，全身发冷，躺在垫着干草和兽皮的山洞角落里哼哼着。

娃母守在旁边，一面给小淘揉肚子，一面琢磨着，这小家伙是吃多了，还是睡觉着了凉呢？揉着、揉着，小淘睡着了。娃母顺手拿过一块狼皮，给他盖在肚子上，然后走到火堆前去帮小累烤象肉。

刚刚烤完了两块象肉，就听小淘叫唤要去拉屎了。

“外面冷啊！”说着娃母拿起一根绳子，把那块狼皮捆在小淘的肚子上。

小淘拉完屎回来，说肚子不痛了，吵吵着要到河边找巢丫头她们挖野菜去。

娃母不让他去，他偏要去，还把系在肚子上的那块狼皮解下来，丢在山洞角落里。

“这可不行，”娃母急了，一把拉住他，说，“要去，也得捆着这块狼皮去。”

小累走过来，拿起绳子，系住狼皮的两条后腿，挂在小淘脖子上；拿起另一根绳子，系住前腿，捆在小淘的腰上。这样，就做成了一个兜肚模样的东西。

小淘系着兜肚，大摇大摆地，一会儿走到河边小巢她们那儿，帮着挖野菜；一会儿又走到沙石滩小遂他们那儿，帮着打石器。总之，他今天是到处大出风头。

小巢她们看见他这兜肚，立刻学样。肩上搭着的兽皮，也不用来包野菜了，全学着用来做兜肚。小巢自己挂着不算，还给小遂做了一个，跑去要他戴上。

小遂戴了一会儿，又摘下来了。他说，下午他要跟兮爷他们打猎去，戴着这玩意儿太累赘了。

他不习惯，他觉得“赤条条来去无牵挂”习惯些。就像我们觉得穿衣服习惯些，如果一丝不挂地在大街上走着，倒不习惯一样。不，别人会把我们当疯子了。

可是，小巢却不放过小遂，她摘来很多带叶的柳枝，编成了三个圈。一个中等大小的套在他的脖子上，一个小点的戴在他头上，最大的那个围在他的腰间。

在场的人们都围着小遂笑，小淘等小孩一块儿欢呼、鼓掌，发出了一阵喧闹声。

兮爷、巫爷、阿夸等，正从河上游打野兔回来，从这里经过。兮爷和阿夸被这新鲜事儿吸引住，不禁停下来看。只有巫爷瞥了一眼，看了小巢、小遂等的“怪”样儿，立刻转过脸去，使劲吐了口唾沫，喝了一声：“呸！”

下午，雨横风狂，偏北风将雨箭一阵一阵地射进洞中。

谁也出不去。天气很冷，大家都围着火堆坐着烤火，只有巫爷蜷缩在山洞角落里睡大觉。

小淘背对洞口坐着，他烤着火，嘴里还直叫冷。

小巢骂他道：“你这小猪，挂着狼皮兜肚，烤着火，还瞎喊叫什么？”

小淘委屈地指了指背后。

坐在斜对面的兮爷摸着白胡子，哈哈大笑地说：“这小家伙，他是火烤胸前暖，风吹背后寒哪！”

小累走到小淘身边，看了看说：“要不，再给你做个‘兜背’吧？”

于是，她拿起一块獾子皮，用一根绳子连着獾皮的后腿，朝后套在小淘脖子上，让獾皮正好贴在他的背上。

小淘高兴地戴了一会儿，就把獾皮“兜背”摘下来，摔在地上，说是勒得他脖子痛。

小巢挺生气，骂了句：“你这小猪，真难伺候。”

兮爷站起来，把小淘拉过去，说：“你坐在我怀里，烤着火，就不冷了。”

坐在上首的娃母，看着这一切，心里琢磨出了个主意。她对小累说：“想个法子把狼皮和獾皮连起来，从头上套进去，挂在两肩上，这样就勒不着脖子了。”

于是，小累走过去，哄着小淘说：“你现在不冷了吧，我替你把狼皮摘下来，改做一下。”

小淘躺在兮爷怀里，挺暖和的，也就顺从地让小累把狼皮兜肚摘走了。

小累拿了狼皮和獾皮，蹲在娃母身边，和娃母商量怎样把两块皮子连起来。

坐在娃母身旁的阿垂和小遂，正在把象牙敲成一小块、一小块的，准备做一串象牙项链。这时候，他们也都放下手里的活，一起研究起来。

阿垂用石钻在狼皮后腿上钻了一个小窟窿眼儿，然后拔出石钻，找了根细绳去穿，可是因为窟窿眼儿太小，上头又有毛盖住，穿了半天也没穿过去。

小遂想了想，说："要是把石钻磨得很细，另一头再钻个眼儿，把绳子先穿进眼儿里，石钻穿过狼皮，就能把绳子带过去了。"

阿垂为难地说："可石钻哪能磨得这么细呢？"

"你不会用骨头做么！"娃母出了个主意。

"对！"经娃母一提醒，阿垂便立刻找来了一根长骨头，跟小遂一起，先用石刀把它劈成一条条，再用刮削器把它刮细，然后到山洞檐前接点雨水，拿到石桌上去磨。磨了很久，一根根一头尖的骨针终于被磨成了。这针，比起我们现在用的缝衣针来，可大多了。

接着，他们用石钻在骨针的钝头挖眼，费了很大的劲儿，把针眼挖豁了很多。最后，还是阿垂挖成了一个，做出了世界上第一枚缝衣针。

针做好了，大家又试着用一根牛筋做成的细绳子去穿，可是绳子太粗，针眼太细，怎么也穿不过去。

小累说：“我把牛筋刮细一点儿吧。”说着就要去拿刮削器，坐在对面打石器的阿夸赶紧说：“储藏洞里还收着一把马尾哩。”说完，他就跳起来钻进储藏洞里，拿出一把马尾来，用马尾穿针孔，一下就穿过去了。

针和线都有了，小累就开始动手缝衣服。

她先把狼皮、獾皮后腿部分割平，然后用针线把它缝起来，缝了一边，再缝另一边。接着又把两腰的皮割平，缝起来，做成了一件既没有领子，又没有袖子的皮背心。随即她叫小淘过来，套在他身上。

别瞧这衣服做得粗糙，可这是世界上第一件衣服啊！

小淘穿上了皮背心，大伙把他拉过来，拉过去，轮番地看着，都觉得挺新鲜，就像我们今天看一件新产品一样。

可是，也跟咱们现在一样，对待新生事物，总会有两种不同的态度：绝大多数人十分赞赏、拥护，少数人坚决反对。

那时候，躺在山洞角落里一直注视着这桩事的巫爷忽然跳了出来，说：“人怎么能穿狼皮和獾皮啊，这样，岂不是要变成狼和獾子了么？”

小淘一听这话，吓得当时就要把皮背心脱下来，可是小累没让他脱。她质问巫爷：“怎么穿了狼皮和獾皮就会变成狼和獾子呢？”

巫爷正要回话，娃母出其不意地提了个问题：“巫爷，你这几天吃象肉了吗？”

“吃了呀!”巫爷脱口而出，他不明白娃母为什么提这么个问题，还叨叨着说，“象鼻子和象掌最好吃了!”

没等他说完，娃母紧接着说了句:“那你可小心别变成大象了啊!”

巫爷被娃母的这番话说得目瞪口呆，对答不上来了。

除了巫爷，所有的人都哄堂大笑起来。

兮爷拈着胡须哈哈大笑，说:“这话说得多好啊！吃了象肉，不会变成大象；穿狼皮和獾皮做的衣服，怎么会变成狼和獾子呢?”

“我们从来就不穿什么衣服，”巫爷明明没有理由了，可还狡辩，说，“天快热起来了。天热了，再穿它要热坏的!”

“从来如此，就对么?”娃母生气地批驳他说，“天热了，谁还叫你穿皮的呢?天热了，穿上个树叶衣，像上午小巢给小遂做的，也可以遮遮阴啊！再说，天还会再冷的，那么，兽皮衣还是要穿的。”

最后，娃母表扬了小累她们，还嘱咐小累，以后多收集一些兽皮，早点为每个愿意穿衣服的人做过冬的皮衣。

故事刚讲完，就听见小红“哟”的一声。她说：“在制出衣服前，人们都光着身子呀!”

“糊涂虫!”东火瞪了她一眼，“学习了这么多天，还提出这么个问题!”

“我是说，”小红红着脸说，“那多不害臊呀!”

“对，”黄爷爷解围道，“小红提出了个重要的问题，就是：衣服是怎样起源的。换句话说，最早的人为什么要穿衣服?这个问题有很多答案。有些学者认为是怕羞，但是实际上，羞耻心比衣服出现得晚。在衣服出现之前，人们也围块兽皮，但也不是因为怕羞，而是为了保护身体，为了御寒。”

黄爷爷说完后，大家都没有发表意见。东火向方冰一瞪眼说：“发言还要别人请呀!”

“有话则长，无话别短嘛!”方冰一点也不生气，“我只是觉得娃母批驳巫爷的话很对。象肉经过消化，可以营养身体；兽皮经过改造，可以制衣御寒。”

“对啦，”黄爷爷点点头说，“我讲的故事和发表的意见，大家也要批判地吸收呀！”

十 钻 木

万里无云，月朗星稀。黄爷爷带着三个同学，来到展览馆前的靠椅上坐下。

黄爷爷看了看月亮说：“月亮快圆了，你们却要走了。”

“是啊，”小红抢着说，“今天是最后一夜，您得给我们讲个长点的故事。”

黄爷爷点点头说：“对，这几天讲的故事都短了些，把复杂的斗争简单化了。可是，讲长了，也怕信口开河，离题万里哩！反正现在讲的，都算是草稿，大家提意见后，再修改吧！”

娃母一觉醒来，觉得时候似乎已经不早。山洞里亮堂堂的，洞口外的天空蓝晶晶的。

她赶紧坐起来，举起双手，伸开十个手指头，往后梳理了几下头发，又从垫的兽皮底下，摸出昨天阿垂她们新给她做的一串象牙项链，端端正正地挂在脖子上。然后她站起身来，小心地跨过横七竖八躺着的人们，往洞口走去。

在走过低洼地的时候，她弯下腰去伸手摸了一下封好的火堆，火灰是温热的，她放心地走出洞去。

洞口外有一股小小的水流，从后山往前山脚下流过去。娃母跨过水流，面向东方站定。清凉的晨风把她齐腰的长发吹得飘忽不定。呵，多美的早晨！万里无云的碧空，一轮红日正从东山上升起，发出耀眼的光辉。低头一看，山下的小河，增宽了几倍。从这边山脚下直到对面山脚下，一片白茫茫的。在天和水之间，四周的山上，则是一片翠绿，经过几天来雨水洗刷过的树木花草，一齐举起了千枝万叶，欢迎这晴朗的春天的早晨。

娃母觉得浑身焕发出了青春的活力，不禁举起双臂，向着东方的太阳欢呼起来："啊，啊，太阳！太阳！"

"啊，啊，海，海呀！"带着稚气的童声，在她身后应和着。娃母一听就知道是小淘的声音，但还是回头看了一下。只见这淘气的小鬼跟在她后面，举起一双小手臂，向着山下的一片汪洋在欢呼。

洞里睡着的人们被他们的欢呼声惊醒，都纷纷起来，跑出洞外，嚷着："呀，天晴了！""呀，发大水了！"

娃母见大家都起来了，就按照向来的习惯，趋回洞去，用木棒把火堆拨开，拨出埋在灰堆里阴燃着的木柴，抖动了几下，木柴立刻烘烘地着了起来。接着她又从储藏洞里抱出一捆干枯的芦苇，搁在火堆旁，抽出一把，放在火上。顿时一股烈火浓烟，直冲洞顶。

娃母顺着浓烟往上一瞧，哎呀！洞顶怎么裂了一道缝？透过裂缝，可以看见一线蓝色的天空。

"'天'裂了，得把它补起来！"娃母自言自语地说。

兮爷从洞外跨进洞来，叫嚷道："这洞口外有流水，要防它流到洞里来呀！"

“对，用芦灰把洞口垫高些。”说着，娃母捧起一捧芦苇烧成的灰，走到洞口，把它投到洞外那股小水流里。兮爷、巫爷、阿垂、阿夸、小巢、小累、小遂、小淘等几个也都一齐动手，一个个从火堆旁捧起一捧芦灰，走到洞口，投到洞外的小水流里。

“呀，这儿人太多了，这样吧，来几个人跟我补‘天’去!”说着，娃母从灰堆中拾起几块烧过的、五颜六色的石头，连同芦灰，包在一块兽皮里，捧着，走出洞去。阿垂、小遂、小巢也学着她，包上几块石头，连同芦灰，捧着，走出洞去。

娃母带领他们，绕到洞顶，找到了那条裂缝，把石块、芦灰塞进裂缝里，再用一些泥土，把石缝填满。

忙乎了一早晨，“天”补好了。娃母他们回到洞口一看，紧挨洞边的水流也已经填掉了。兮爷还用芦灰和泥土在洞口堆了一道“门槛”，以防止水流进洞里。

娃母肚子里发出一阵“咕噜噜”的响声，她想大家也都饿了，可是储藏洞里一点吃的也没有了，就对大家说：“今天得赶紧去找吃的了。这样吧，兮爷、巫爷、阿夸，你们男人一伙去打猎。阿垂、小巢等女人和孩子，跟我到后山森林里去拾蘑菇和柴火。还有，小累、小遂、小淘留在家里看火。”

小累等三个都想出去。在这晴朗的日子里，谁不愿意到外面去采集和打猎呢?

娃母一眼看出了他们不乐意，就对他们说：“保护火种，也是重要的任务呀!”还郑重地告诉他们说:“要按先人传下来的规矩：谁弄灭了火，就要打死谁哩!”

既然这个工作这么重要，三个小家伙也就服从了调配。

娃母和兮爷各带着一队人出发了。洞里就留下小累、小遂和小淘了。

小累找来了两块大兽皮，想缝件衣服。她对小遂和小淘说:“我们分分工：我给娃母缝衣服，你们看着火。”

小淘不同意。他说:“娃母叫我们都看火，可没叫你给她缝衣服呀！哼！拍马屁!”

小累一听，气坏了，骂道:“你这小猪！给娃母做件衣服，算拍马屁吗？我还要给每人都做一件哩，也算拍马屁吗？你身上穿的是什么？第一件衣服就给你穿了，我是拍猪屁吗?”

小淘人虽小，说怪话的本领倒不小。他故意气小累说:“哼，昨晚受了表扬，今天来劲了。”

“我做好事是为了表扬吗？我做好事是为了表扬吗?”小累更气了，连声分辩着。

小遂连忙劝解道:“小淘别瞎说八道了，有我们两个看着火就行了。小累，你缝衣服吧!”

于是，小累噘着嘴，坐在一旁，拿起中指长的骨针，穿上马尾，开始缝起衣服来。小遂和小淘坐在火堆旁，随时给火堆添上一根枯枝。

大家闷闷地坐了好一会儿。小遂站起来，走到洞口，探身往外看了看，只见洞口那股小水流还在流着，但是不大，就又回到火堆边坐了下来，给火堆添上一块木柴。接着，他拿起一把石斧，砍一根长树干，想把它砍成几段，这样烧起来方便些。

小淘坐了一会儿，有点烦了，也站起来向洞口走去。小遂问他："你上哪儿去？"

"我也看看嘛——就许你一个人看？"

"你看什么？"

"你看什么我就看什么。"

"我看那股水流多大。"

"我也看水流多大。"

说着说着，小淘忽然惊慌地说："呀，水流大了！"

小遂连忙丢下石斧，起身奔到洞口。探身往外一看，水流果然大了些，但是离洞口还远着呢。便说："还不要紧。"又说："你愿意看，再看一会儿！"他回到火堆边坐了下来，又给火堆添了块木头。接着，继续砍他的柴。

小淘在洞口看了好一会儿，那水流不仅没有大，反倒又小了些。他看得不耐烦了，也回到火堆边坐了下来。

原来这股水流，是由后山无数山缝的水汇集起来的，有时多，有时少，因此这股水流就忽涨忽退。

由于前几天连着下大雨，后山无数地下的空隙都积满了水；受流水长时间侵蚀，土质变得松软，受不住积水的压力，终于一齐裂了开来。积水汇集在一起，形成了一股强大的激流，向这个小山包上的山顶洞冲了过来，在山洞西北角分成两股，一股斜着直奔洞顶，一股往下流过洞口。

小遂坐在火堆旁边砍着树干，忽然感到有几滴水从洞顶掉在自己的脖子上，凉飕飕的。他说了声“不好了，洞顶渗水了!”便立刻丢下石斧，一蹿跳过山洞口那道泥灰“门槛”，迎着激流，绕到洞顶，用泥土把早上补过的那条裂缝又严严实实地堵了一遍，末了，还搬起一块石头使劲儿夯了一会儿。

小淘看小遂往外跑，也跟着往外跑。他个儿矮，又穿着件皮背心，腿脚不灵便，一下就踏在那泥灰“门槛”上，把“门槛”踩了个缺口。可是他没管这些，只顾迎着那股激流戽着水玩儿。激流冲来，漫过“门槛”沿着缺口灌进洞里，一直流向低洼地的火堆。

小累猛见一股水流进洞里，直奔火堆，大吃一惊，连忙扔下快缝好的背心，向火堆猛扑过去，想把火堆搬走，可是，已经来不及了，水已经流到火堆上，发出一阵“嗞嗞”的响声。接着，一股饱和着水蒸气的青白色烟尘直冲洞顶。

等到小遂拉着小淘赶回来，用芦灰堵住“门槛”上的缺口，火堆已经熄灭了。

小累拾起两根冒着湿烟的木柴，呆呆地站在熄灭了的火堆旁边，愣了一会儿，突然哇哇地大哭起来：“怎么办！怎么办！闯大祸了！闯大祸了!”

小遂和小淘也吓得目瞪口呆，面面相觑。

正在这时候，洞口跨进来几个男人。那是阿夸，一手提着一条打死的黄蛇，还有兮爷、巫爷他们，提着几只兔子回来了。

巫爷一见火灭了，气得直跺脚，花白胡茬儿不住地颤抖，大声喝道："哎呀！怎么得了！'谁弄灭了火，就打死谁'——这是先人传下来的规矩！"

兮爷说："先看看水势再说吧！"

巫爷抄起一根大木棒，指着小累、小遂、小淘严厉地问："是谁把火弄灭的？说呀！"

阿夸抢到巫爷背后，劝他说："事情还没有弄清楚哩，等娃母回来再处理吧！"可是巫爷不听，非要打他们三个人不可。

小淘一见这势头，吓得一面往外跑，一面喊道："不是我弄灭的，不是我呀！"

巫爷用大木棒指着小累，吼道："三个人里数你年纪大，是你，是你弄灭了火！"于是不问情由，不容分说，两手高高举起大木棒，使出全身力气，就朝小累脑袋上劈下去……

宿雨初晴，女人和孩子们在寂静、阴暗、潮湿的原始森林里忙碌着：他们见着蘑菇拾蘑菇，见着枯枝拾枯枝。

"笃、笃、笃！"

一只啄木鸟在一棵大树上找虫子吃。阿垂和小巢停止了工作，抬头仔细地观看着。

"笃、笃、笃！"

啄木鸟还是不停地敲击着树干。那树心里准有一条大虫子，可是大树木质坚硬，一下啄不透。

忽然，小巢用胳膊肘碰了碰身旁的阿垂，意思是叫她注意。因为小巢似乎看见：随着啄木鸟的每一啄，就有几颗火星在迸散着。

“笃、笃、笃!”

树皮啄开了，啄木鸟用它那长长的、带钩的舌头，伸进树皮裂缝，钩出来一条又肥又长的天牛幼虫。

“哇——哇、哇!”

这时候，只见小淘穿着他那件皮背心，哭着钻进了树林，向阿垂、小巢这边跑来了。

“巢姐呀!”他一见小巢，就扑了过来。他不叫“巢丫头”了，因为他今天闯了祸。

小巢抓住他便问:“怎么回事？小淘!”她这次也没有叫他“小猪”。

“不好了，火死了!”

“什么，火灭了?”

娃母等几个分散在林中拾蘑菇和柴火的，一听火灭了，急忙走了过来。娃母把手一挥，说了声“走”，就领头回山顶洞去。她一边走一边问小淘:“火是怎么灭的?”

“……一股水从后山冲下来，我跟着小遂往外跑……我，我可没把‘门槛’踩坏呀!”

凭小淘怎么鬼，聪明的娃母一听这话就猜出了八九分：小淘说他没有把“门槛”踩坏，那很可能正是他踩坏的，要不然他怎么会没头没脑地提出什么踩坏“门槛”的事呢?

娃母一面走，一面想：看来我把小淘这孩子惯坏了，以后可得好好教育他。

娃母领着大家匆匆地走，不知不觉就走出了森林。一出森林，他们就发现太阳已经升到天顶了。再看山脚下，真是易涨易退山溪水啊，那河水比早上小得多了。走到洞口，洞前的激流已经退了，还是像早上似的，细细地流着。那洞口的“门槛”上有一处新补了些芦灰。娃母便弯下腰，仔细地拨开新灰一看，果然有一个脚印，不是小淘的又是谁的呢?

娃母将缺口重新补好，回过头来狠狠地瞪了小淘一眼，吓得小淘一下子矮了三分，不敢吭气。

娃母走进山洞，立刻嗅出了一股冰冷、紧张的空气。离洞口不远低洼地的火堆是灭了。她蹲下去拨开一看，底下倒是干的，可是一颗火星也没有了。她站起来左右一看，在灰堆这边，小累低着头在啜泣着，小遂呢，昂着头，冷静地站着。那边，兮爷和阿夸正死命把巫爷按在芦苇堆里，旁边还扔着一根大木棒。兮爷和阿夸见娃母他们进来了，这才松开了手。

“怎么回事呀?”娃母轻声地问。

巫爷挣扎着坐起来，连连咳嗽，然后清一清嗓子，指着小累恶狠狠地说：“她把火弄灭了，是不是该打死呀?先人传下来的规矩，还算不算数呀?啊?”

“好的规矩当然算数。”娃母坚定地回答，“可是，事情弄清楚了吗？”

巫爷还要说话，娃母止住了他，指了指小累和小遂说：“先听他们说。”

小累没有作声。娃母走过去，抚摸着她的头，和蔼地鼓励她：“是什么情况就说什么情况吧！”

小累扑倒在娃母怀里，披散着乱草般黑发的脑袋不住地抖动，哭得更伤心了。过了好半晌才抽抽咽咽地说：“我……我……我在缝衣，没管火。一股水冲进洞来，漫过火堆……”说到这里，她又大哭起来。娃母一边替她理了理乱头发，一边安慰她说：“不要哭，不要哭！慢慢说吧！”小累抬起头长长地出了一口气，接着说：“我……我扑上去想把火抢走，可是只抓到两根湿柴……”

娃母听了点点头，放开小累，接着便问小遂。小遂低下头，慢吞吞地说：“我和小淘正看着火，一股激流冲了过来。我只顾去堵洞顶上渗水的裂缝了，没防备洞口的水流——我……我没有用心看好。”

娃母赞许地点点头，说：“对啦，你慌慌忙忙去堵洞顶裂缝的时候，忘了叫小累看好洞口了。也没料到小淘会在‘门槛’上踩个缺口……”

巫爷听了这话，霍地跳了起来，拿起地上那根木棒，指着小淘，吼着：“闹了半天，原来是你这小崽子呀！”

小淘吓得要跑出洞去，可是他的手被娃母一把抓住了。娃母对他说：“跑什么！做错了事就承认嘛，你说，你用心看火了没有？”

小淘哭了，眼泪和鼻涕糊了满脸，抽抽咽咽地说：“我不该玩水，我不该玩水呀！”

娃母回过头来，先对巫爷说：“你把棍子放下！”然后又对大家说：“火是一股小山洪冲灭的，不是他们弄灭的。所以，用不着打死谁。当然啰，他们各有各的错误。表现最不好的是小淘，咱们以后得抓紧对他的教育。小遂和小累，也有一定的责任，但他们肯承认错误，这就很好。希望他们立功补过。”

娃母又说：“在这次事件中，我也有责任。我没有往最坏处着想，没有把火堆搬到一个高点的地方去，没有留下有经验的人。”

娃母最后说：“现在，火，已经熄灭了。我们要考虑的是，怎样弄火的问题了。”

巫爷见娃母不许自己打人，早已一肚子不满意，现在又听说要“弄火”，不禁愤愤地说：“这火是先人世世代代传下来的，如今给小淘弄灭了。只有宰了小淘这小崽子，求求先人才是正经。怎么‘弄火’？简直是做梦！”

兮爷不同意巫爷的话，追问了一句：“宰了小淘，先人就给火了吗？先人要不给呢？”

“先人不给，那就挨冻、摸黑、吃生冷吧！反正我们是完了。”巫爷说完，就赌气地缩到山洞的一个角落里，面朝着洞壁躺下，不停地咳嗽。一两个老头子听他这么一说，再看他这副灰心丧气的样子，都急得直摇头。

忽然一个膀阔腰圆、身高腿长的中年汉子站了出来，喊道：“不要紧！”

娃母一看，说这话的是阿夸，打心眼里高兴，便问他：“你有什么办法？”

阿夸说：“上次，我姥姥那里的人不是也把火弄灭了吗？他们不是让阿浑他们到这里来借过火吗？现在我们也可以到他们那儿去借火！他们一定会乐意借给我们的。”

为什么阿夸说“我姥姥”那里呢？原来阿夸本是另一族的人。20年前，娃母族和阿夸姥姥族的人碰在一起了。当时娃母看中了这身高腿长、奔跑如飞的孩子，便和他姥姥商量，用阿浑几兄弟，将阿夸几兄弟换来，收留在这族里。从那时起，阿夸就成了娃母族的人了。

娃母一听，很高兴，但沉吟了一会儿，皱了皱眉头，担心地说：“只是你姥姥那儿离这儿太远了——听说上次他们找我们找了好几天——今天去不成吧！”

“没有更近的了，”阿夸充满信心地说，“要是走得快，明天晚上就可以把火取回来。”

娃母一听，更高兴了，便鼓励他说：“这就要看你这飞毛腿的了。”

“没问题！”阿夸说着，抄起一根拐杖，就要上路。

忽然小遂站出来说：“我跟他一起去吧！”

娃母说：“你还有你的事呢！”

“那我去吧！”小淘也站出来说。

“别耽误事了！”娃母吆喝着，同时从脖子上取下象牙项链，交给阿夸说，“代表我们向你姥姥族人问好吧！代我向你姥姥问好吧！还要告诉她：阿浑不幸死了。”

阿夸郑重地接过象牙项链，套在自己的脖子上，和他原来的那串狼牙、草鱼眼骨项链一起，然后拿起拐杖，昂首挺胸地走向洞口。

忽然，阿垂追了上去，把一条剥了皮的蛇和几只蘑菇，塞到阿夸手里。阿夸接过，当场就吃了一只蘑菇，表示感谢。

娃母领着大家，把阿夸送出洞外。

娃母抬头看了看偏西的太阳，向阿夸祝愿：“追赶太阳吧！争取今晚就找到你姥姥族吧！”

阿夸点了点头，便大步流星地向西走了。

送走了阿夸，娃母他们回到山洞里，发现巫爷还蜷缩在那个角落里——他没有去送阿夸。

洞里好像格外阴暗，格外寒冷。大家分着吃了点生蘑菇、生兔肉、蛇肉，都觉得不是滋味。巫爷干脆赌气不吃。

娃母见大家没精打采的，知道是因为没了火。就振作精神，把大家叫拢来说：“但愿阿夸明晚就能把火取回——不过，我们能不能想想法子，自己取火呢？”

“自己取火？”大家惊奇地你看着我，我看着你，谁也没吭声。

过了一会儿，躺在角落里的巫爷坐起来说：“自己取火？从来没有听说过——而且，阿夸不是借火去了吗？他一定能把火借回来的。”一两个老头子也附和着。

被巫爷他们这么一搅，大家谈不下去了。

可是，第二天晚上，阿夸还没有回来。接连过了好几个太阳（意思是好几天），阿夸还是没有回来。

白天，大家去采集、打猎，晚上，大家吃点生冷的蘑菇、兔肉，就摸黑睡觉了。有的吃不下生冷东西，只好饿着；有的吃下一点，也感到很不舒服。有几个人相继病倒了。

这天，天黑了，山洞里更冷了，大家更怀念起光明、温暖的火来。大家都很奇怪：以前有火，为什么将它看得那么平常？一旦失掉了它，才发觉它是那么可贵。大家深深地感到：火，实在是生活中不可缺少的东西啊！因此，大家也就一个劲地咒骂起小淘的失职和念叨着阿夸怎么还不赶快回来。

小累把新缝好的皮背心送给娃母穿。娃母说：“你穿上吧！”小累正要推辞，娃母接着说：“你和小淘到山顶上去守望，看阿夸借火回来没有——这次可要负责呀！”小累这才穿上肥大的皮背心，和小淘一起出去了。

过后，娃母自己也披了块兽皮，出去看了好几次。但是除了满天星斗以外，她什么也没有看见。可是，当她最后一次回洞，刚刚坐定时，在小山顶西头守望的小淘气喘吁吁地跑进来说：“西山口出现了一点火光。”

娃母连忙披上兽皮，走出洞口，爬上小山顶。大多数人也披块兽皮，跟着她。他们瞪着眼睛朝西看了半天，什么也没看见。回头向东，半轮月亮正从东山上偷偷爬了出来。

大家都很失望，有的人正要怀疑小淘是不是又瞎报情况了。就在这时，在小山顶东头守望的小累跑了过来。她说："有一个人直奔河边去了，样子很像阿夸。"

于是，娃母就领着大伙，直奔河边，一看，果然是阿夸。他正伏在河边拼命喝水，娃母、兮爷上去一把把他抱起。娃母说："不要喝得太多，不然，你会喝死的。"可是阿夸还直嚷："渴死我了，渴得我把拐杖都丢在西山林子里了。"

兮爷着急地问起借火的事："火呢？你借的火呢？"

阿夸一听兮爷问起火，不由倒在娃母怀里，捶胸大叫起来："娃母、兮爷啊，我对不起你们，我对不起大家啊！"

娃母连忙安慰他："不要难过，有话慢慢讲。"

娃母、兮爷扶着阿夸，踏着月光，往山洞走去，大家跟在后头。

一路上，阿夸给大家讲了他到姥姥那儿取火的经过：

"姥姥搬走了……一直到前天，太阳快落山了，我才找到。姥姥见了我，高兴极了，非要留我住几天不可。我说：'娃母他们等着火哩！'她这才收下了象牙项链，还让我给娃母带回来一把美丽的鸟羽毛。"

说着，阿夸双手捧上一把羽毛，呈给娃母。娃母郑重地接过，没顾得细看，就让阿夸继续说下去：

"姥姥给了我一团放在鸵鸟蛋壳里阴燃着的火种。我把它揣在怀里，和豺狼虎豹赛着跑，夜以继日，飞奔回来。

跑到了西山口，我觉得胸前的火种有点凉了，打开一看，就剩一点点火星了，好不容易拨弄旺了一点，可是，突然吹来一阵风……”说到这里，阿夸再也说不下去了。

慢慢走回洞里，娃母对阿夸说：“你辛苦了，好好休息吧！”回过头来，又对大家说：“你们也都去休息吧！”

第二天，娃母又把大家召集在一起，商量想法子自己取火的问题。她说：“阿夸辛苦借来的火，不幸在到达前熄灭了……”

娃母还没有说完，巫爷打断她的话说：“我早就说过了，这么远，根本不可能把火借回来！自己取火，更是没门！”

娃母一听，勃然大怒，斥责他说：“呸！那天你明明说，一定能把火借回来，用不着自己取火；怎么今天又说你早预料到了？你、你给我滚！”

巫爷被骂得哑口无言，灰溜溜地走出山洞去了。

巫爷一走，议论就像河水的波涛一样翻腾起来。

只见小巢用左手把耷拉在眉眼前的一绺头发往脑后一掠，抢先发言说：“啄木鸟能啄出火星来，我们人还弄不出火吗？”

阿垂接着说：“是呀，我在打石器的时候，特别是用火石，总看见火星迸射，夜间更明亮。我想：只要有火石，火种就不会绝灭。”

“对！”兮爷一拍大腿，说，“是这样！火石，受到的敲打越厉害，发射出的火星就越多。”

小遂听了他俩的发言，很受启发，他机灵、明亮的眼睛向大家扫射了一下，说：“这些天娃母让我试着用木棒钻木头，总是钻得烫烫的。我想：火也是烫的。再钻下去，会不会出火呢？”

大家你一言我一语地说了不少想法，最后，娃母总结说：“大家的想法都很好，那我们就动手试试看，一些人打火石，一些人钻木头。”

说干就干。山洞里，这个角上，娃母、兮爷、阿夸、小巢他们在乒乒乓乓地打石头；那个角上，阿垂、小遂、小累他们在吃嚓吃嚓地钻木头。

巫爷偷偷溜回来了。他阴阳怪气，在背后嘀嘀咕咕，说些风凉话。可是，大家都没有理他，只是埋头苦干。

小淘今天特别卖劲，他几次到河边运回来好多大火石，分送给打石头的人；后来还跟小巢和小累到上次猎象的地方，把小巢搭的大“鸟窝”拆下搬回来，分送给钻木的人。

太阳躲到了西山背后，天渐渐黑了，打石头迸出来的火星显得更加明亮，可就是没有办法将火星收集起来。很多人疲惫不堪，唉声叹气，渐渐停止了工作，躺下睡了。只有娃母、兮爷，还在顽强地、坚持不懈地打石头。那个角上，也只剩下阿垂和小遂两人，还在吃嚓吃嚓地钻木头。他们一直干到深夜。

就这样，不觉又过了好几个太阳。

在一个深夜里，大家都“呼噜呼噜”地睡着了。只有靠近山洞口那边，还传来吃嚓吃嚓的响声。娃母走过去，借着几分星光，看得清是阿垂和小遂两个，还在钻木头。

娃母走过去，关心地问：“有点门道了吗？”

阿垂说：“选木头，做木钻，怎么摆，怎么钻，我们都摸出了点门道。火星倒钻出来了不少，就是着不起火来。”

“是呀！”娃母说，“我们打石头，火星也迸出不少，我让它们落在木屑上，也还是着不起火来。”

小遂一听说木屑，便说：“我们的钻孔里，也钻出了很多木屑。可是我想：平日烧火时，发现木炭比木柴容易着多了。”小遂说到这里，话又往回缩：“不过，木炭烧起来，不像木柴那样有熊熊的火焰。”

可是娃母抓住了他要缩回去的话。她说：“好呀，那我们能不能先用木炭屑引路，再试一试。”

阿垂一听，兴奋起来，立刻借着星光，挑选了一块干燥、结实的木头，摆在小遂面前，和娃母、小遂一起，用石头固定在地上。接着，她又挑选了一根新做好的木钻，塞在小遂手里，说：“小伙子劲头足，你来钻，我们协助你！”说完，她从灰堆里掏出几块烧透的、松脆的木炭，蹲在他旁边。

娃母从阿垂手里要过一块小木炭，蹲在小遂的另一边。

小遂心头有点紧张，他定了定神，拿起木钻，尖端朝下，垂直放在面前那块木头中心，用双手使劲地搓动着木棒，钻开了。他双手手掌，一前一后，一后一前，来回搓动着。不一会儿，木头上出现了一个小孔，木棒尖进入了木头，他就开始用力，同时加快速度地钻着。小孔逐渐加大了，木棒尖越来越深地钻进木头里去了，搓动起来更费劲了。再过了一会儿，发出了吃嚓吃嚓的响声，似乎闻到了一股焦煳的气味。

娃母和阿垂蹲在两旁，把木炭捏碎，研成粉末以后，撒在小孔周围。

小遂感到木头在发热，木钻在发热，手在发热，全身十万八千个汗毛孔都在冒热气，他更快、更用力地钻着。

不一会儿，小孔里冒出了一股黑烟，一颗火星迸了出来，落在炭屑上。阿垂正想趴下去吹一吹，但是火星立刻就灭了。又一颗火星迸出来，落在炭屑上。阿垂趴在地上轻轻一吹，但是火星立刻又灭了。

小遂感到两臂酸痛，眼冒火星，全身汗如雨下，他感到快要坚持不下去了，很想休息一会儿。就在这时候，他忽然听见娃母“用力！用力”的喊声，这简短有力的声音，和吃嚓吃嚓的钻木声相应和，像火一样点着了小遂的心。他立刻又振奋起来，力气更大了。他将木钻使劲往下压，钻得更快、更用力了。

一颗火星迸了出来，立刻就灭了。但是小遂仍不泄气，继续用力钻……

又一颗火星迸了出来，落在一颗炭屑上。阿垂轻轻一吹，火星灭了，不过那颗炭屑着了。再吹，那颗着火的炭屑灭了，但是它周围的几颗炭屑着了——这时候，小遂自觉地、轻轻停了下来。娃母在着火的炭屑上洒了一小撮木炭粉末——阿垂不停地吹，慢慢地着火的炭屑愈来愈多了，中间还夹杂着无数颗小遂新撒上的木屑，终于冒出了一缕青烟，开出了一朵“小红花”。这朵“小红花”立刻映红了山洞的一角。早就被他们吵醒、趴在那儿装睡的小累、小巢、小淘立刻欢呼着爬了起来。

娃母把一根小枯枝放在火的小红花上面，小枯枝立刻烧着了。小累抢上去，拿起一把芦苇放在点着的小枯枝上，芦苇也呼呼地着了起来。

接着，小巢、小淘也立刻拿起一根根粗树枝，凑在烧着的芦苇上。

娃母笑着问小巢：“这是从你搭的那个鸟窝里搬回来

的吧?”

小巢点点头说:“差不多把整个鸟窝都搬回来了。”

“好呀,小遂钻出的火把小巢做的巢烧了。”娃母抑制不住胜利的喜悦,和小家伙开起了玩笑。她脸上的皱纹在一闪一闪的火光中舒展着。

谈笑间,整个山洞被照亮了,整个山洞沸腾了。也不知是睡着后被闹醒的,还是原来就没有睡着的,反正所有的人,全都欢呼着爬起来了。连几个躺倒的病人和灰心丧气的老头,也都欢呼着爬起来了。

兮爷兴奋地跑上前来,抱起了小遂,高兴地说:“你,你们为山洞立了一大功呀!我们从此不再像鸟兽似的生活了。”

阿夸也兴奋地跑上前来,拉着阿垂的双手直跳。他高声喊道:“取得火种啦,我们支配了自然的力,也使我们认识了自己的力!”

巫爷踉踉跄跄地走过来。他口服了,感叹地说:“了不起啊,了不起!人算是进步到头了!”

这时候,娃母已经用她手上的火把,重新燃起了一堆篝火,一听这话,她把火把高高一举,大声高呼:“不!人没有进步到头,这仅仅是开始,我们还要继续前进!”说着,她高举火把,跳起了欢乐的舞蹈。

“继续前进!”大家都高高举起一束束点燃的树枝,高声喊叫,高兴地跳啊,跳啊……

他们跳着舞,走出洞去,迎接黎明的曙光。

他们面向东方，高声歌唱：

太阳落山，又出山啰！
越过高山，是平原啰！
火把熄了，又点燃啰！
高举火把，永向前啰……

灿烂的朝霞和跳跃的火光辉映着，新的一天又开始了。

……

月亮渐渐升到了天顶。

三个同学在听黄爷爷讲故事的过程中，随着故事情节的发展，一会儿着急，一会儿高兴，一会儿埋怨巫爷，一会儿佩服小遂；直到黄爷爷说完，才长长地舒了一口气。

“好，好！”小红抢着说，“要数这个故事最好了。”

“怎么个好法？”东火瞪了她一眼。

小红模仿着语文老师的腔调说：“这个故事，以钻木取火为主线，以击石取火为副线，以追日借火为陪衬，以山洪灭火为导因，展开了矛盾斗争，终于取得了胜利。”

“嗬，你还总结得挺全面的。”东火看了看小红，又转过来对黄爷爷说，“只是故事前半是不是扯远了些，正式钻木的部分还不到一半哩。”

黄爷爷点了点头。

可是小红把小辫儿一甩，抢着说：“那有什么关系？而且，灭火原因，不交代清楚怎么能行?”

“重要的是，”方冰用右手拇指顶了顶眼镜横梁，说，“在整个故事里贯穿了前进与保守的两种思想的斗争，这表现在：如何对待灭火事件，要不要‘弄火’，如何‘弄火’等方面。同时，这故事也说明了人类掌握用火自由的重大意义，正如革命导师恩格斯所指出的，‘就世界性的解放作用而言，摩擦生火还是超过了蒸汽机’哩！然而，意义尽管大，但绝不是人类进步到头了，巫爷的话，今天看来，就更加觉得可笑了……”

方冰说起来就没个完。

黄爷爷为大家这样认真学习的精神而高兴，但考虑时间很晚了，明天还要早起赶车，不得不来个结束。他说：“我们的讨论也是没个完结的。好在你们准备把这些故事整理出来，希望多提意见，多多修改，整理好了，寄一份给我看看。这对我来说，也是一次学习呀！”

半坡人的故事

一 今日向何方

跨过黄河，过了郑州，火车便掉头向西。向西，向西。沿着黄河南岸，火车向关中平原飞驰而去。

在七号车厢的一个角落里，一个戴眼镜的胖小伙子，看着车窗外迎面奔来的一棵棵白杨树，忽然吟起诗来："西望长安哪……"

坐在他斜对面的一个身体结实、精力充沛，看来有60多岁的高个老头儿笑嘻嘻地接过他的诗句说："既是'不见家'，又是'将见家'呀！"

"不见北京人之家，将见半坡人之家吧？"坐在胖小伙旁边的瘦长小伙子马上接着说。

坐在胖小伙对面、留着短辫子的小姑娘，一直望着车厢外，欣赏着祖国的壮丽河山，生气勃勃的农村、工厂，这时候也回过头来问老头儿道："黄爷爷，你们说什么呀？"

坐在她旁边的那个黄爷爷连忙解释道："方冰念的是句唐诗，'西望长安不见家'。长安，就是我们现在要去的西安。去年暑假，我们不是在北京周口店参观，今年暑假，我们又要去西安半坡学习吗？所以张东火说‘不见北京人之家，将见半坡人之家’了。”

方冰透过眼镜下缘，摆出一副大哥的姿态，斜看着小姑娘说：“刘小红呀，她什么都不知道……”

“可她又什么都想知道。”张东火立刻接过他的话，替小红辩护道，“这次要不是她坚持、鼓动，说不定你们还来不了呢？”

黄爷爷说：“这种好学精神就很好嘛。拿学科学来说，既要有火一般的热情，又要有冰一样的冷静头脑，不断地变不知为知，从知之甚少到知之甚多啊！”

“黄河，黄河！”张东火忽然跳起来，指着远处闪烁着的一条银白色带子说。

“唉，不是看过黄河了吗？还这么兴奋！”方冰自得其乐地吟起诗来，“白日依山尽，黄河入海流，欲穷千里目，更上一层楼。”

小红不禁又缠着黄爷爷，请他解释方冰念的诗。

黄爷爷摸了摸胡须说：“方冰念的是唐朝诗人王之涣的《登鹳雀楼》诗。‘白日依山尽，黄河入海流’，就是说时光过得很快，我们中华民族的摇篮——黄河，川流不息地奔入海洋，象征着历史的长河滚滚向前。‘欲穷千里目，更上一层楼’，就是我们要站得高才能看得远。大家学习了原始群、母系氏族社会早期的历史，又要学习母系氏族社会晚期的历史了。这样，眼界就更加开阔了。”

黄爷爷新鲜的解释，使方冰也用心地听着。

“黄爷爷，”小红忽然提出了要求，“这次我们预定在西安半坡参观、学习十天，您还像去年一样，每晚给我们讲个故事吧！”

“故事是要讲呀，”黄爷爷笑着说，“不过，这次我和你们是‘同学’了，能不能大家轮流讲呢？”

“轮流讲？”东火、方冰、小红不约而同地喊道。

小红还说：“我不来，我不来！”

“你不是已经来了吗？”东火瞪眼斥责道，“怕什么？试试吧！”

“对呀，试试吧！”黄爷爷给她打气说。

“那就得好好安排一下。”方冰扶了扶眼镜说，“黄爷爷开头、结尾，其余的我们四个人再平分，每人分两个。各人重点准备，还得互相照应哩。”

“哟，那我不是得讲四个了吗？我不来，我不来！”黄爷爷学着小红天真的口气说。

“讲四个，您就得讲四个。”小红一算自己只要讲两个，也就不反对了。

“好吧！”黄爷爷认真地说，“我们先预备一份目录，分题准备。讲的方法是不是还像去年一样，采取电影的‘慢拍快放’手法？半坡人是6000年前的人，我们以他们为核心，而又不受半坡材料限制，从一万多年前讲到五六千年前，怎样？”

“行，十个故事安排一套人物就行了。”东火说。

“主要人物都得给起个名字，让他们说现代普通话。”小红补充说。

接着，四个人拟了十个大题目，至于小标题，则是以后补充进去的。

一 张弓

半坡博物馆的同志，他们在前天接到黄爷爷的信以后，预先做好了安排。所以，黄爷爷和三个中学生一到，就可以立刻开始参观、学习了。

黄爷爷他们今天将整个博物馆及周围环境走马观花地参观了一遍，又着重对半坡人化石和半坡人用过的武器：箭头、矛头、石球、陶弹等实物仔细观察了一番。小红还说她“发现”许多石斧、石铲、骨刀、骨凿都是磨制成的，形状比较规整，加工得更加锋利。为了便于使用，有的上面还凿了孔。

吃了晚饭，黄爷爷领着三个同学，走出博物馆，踏着月光，往西散步。走到浐河边一个小树林里，他们坐了下来。快圆的月亮挂在树梢头，微风吹来，非常爽快。

按计划今天是黄爷爷带头讲故事。他说的是弓箭的发明。

草原逐鹿

蓝蓝的天空，没有一丝云彩。秋日的骄阳，将火热的光芒无遮无碍地射向辽阔的草原，晒得野草似乎要燃烧起来了。

一群飞跑着的原始猎人，几乎赤身裸体，张着大嘴喘气。他们右手拿着长长的木矛、带矛头的投枪、长柄石斧或飞石索，左手时不时掠开额头上的长头发，挥掉大量的汗水。他们驱着几只吐出舌头的猎狗，追赶着一群惊慌地向西北方飞驰过去的野鹿。

前面出现了一片森林，起先只有一小片，渐渐地在向两边伸展。

“老刑，快!”一个身强力壮、拿着飞石索的大汉，招呼着身旁一个手握长柄石斧的矮个子。

“干吗？老异!”那叫老刑的矮个子没有停止奔跑，只是回头向老异看了看。

“你!”老异一面死命地向前飞奔，一面指了指北方，“你，你带一个人往那边，别让鹿群往回窜!”

老刑带着一个叫老烈的汉子往北奔去了，老异也招呼了小蟾，吆喝着那条叫小狼的猎狗，跟着他往西奔去。

鹿群向西北奔跑着，它们也看见前面的森林了，立刻分成两股，大股往西南，小股奔向东北。当大股鹿群跑到森林南角尽头的时候，碰上了抄近道的老异和小蟾。

老异不敢怠慢，举起手中的飞石索挥舞起来，像杂技演员玩流星索似的，在头顶上绕着圆圈，越旋越快。在离鹿群只有几十米的地方，他对准一只大母鹿，突然把手一松，飞石索便立刻向母鹿飞去。当飞石索一碰上那母鹿后腿，石球便迅速地在母鹿两条后腿上绕圈子，将它们紧紧地缠绕起来。母鹿顿时摔倒在地，但还尽力挣扎着。小狼扑上去，狠狠地咬住它的一只后腿不放。几乎同时，小蟾飞起投枪，刺中了它的肚子。母鹿呦呦地惨叫几声，再也挣扎不起来了。

老异一个冲刺奔上前去，扑在母鹿身上，然后从腰带上取下一把骨刀，顺着母鹿腹部投枪射中的地方割开一道口子，用两手掰开，又将右手伸进去，掏出一个椭圆形、血淋淋的脾脏来，拿到嘴边咬了一大块，将剩下的小半个递给小蟾，说：“吃下吧，你会变得更勇敢的。”小蟾笑了笑，接过脾脏，津津有味地吃着，嘴巴上涂了层鲜红的鹿血。

接着，老异教小蟾用骨刀剥鹿皮。他告诉小蟾，这时候是最容易把鹿皮剥下来的。

一个叫小蜊的小伙子领着几个人和几条猎狗，赶着一小股鹿群，追奔过来了。这股鹿群看见前面有人，犹豫了一下，放慢了脚步。小蜊抓住机会，立刻用手中的投矛器投出一支木矛，刺倒了跑在最后的小鹿。两头猎狗飞奔过去，围攻这只受伤的小鹿，将它咬死了。几个小伙子扑上去，七手八脚，把鹿皮剥了下来。

鹿群跑远了，猎狗还在追逐，可是人们不再追赶了。他们吹起口哨，叫回了猎狗，扛起剥了皮的鹿，卷起鹿皮，收拾好武器，钻进了大森林边缘稀疏的桑树林子里。

桑林刺猪

太阳已经躲进浓密的森林背后去了，在这边稀疏的桑树林子里是非常凉快的，以致小蜊一走进树林，就“阿——嚏”一声，打了个大喷嚏。

老异一走进林子，就高声叫道：“打火，烤鹿肉吃！”

一个叫老还的连忙说：“烤鹿肉，行吗？农母要知道了……”

“不烤鹿肉，吃什么？”老异瞪了他一眼，说，“在森林里，我说了算！”

老还没再说话，跟着老烈赶紧拾柴火，堆在林间空地上。

老烈从腰带上一个小皮兜里掏出一块火石和一块黄铁矿石，还拈出一团用干蘑菇揉成的火绒，把火绒紧贴在黄铁矿石下面，用左手手指捏紧，右手拈起火石，敲在黄铁矿石上。火星迸出来，落在火绒上，烧着了。老烈轻轻地吹着，同时左手手指团弄着火绒。不一会儿，一星星火苗，烧着了一团干树叶，烧着了一堆干树枝，在桑林间的空地上，生起了一堆熊熊烈火。

老刑指挥着老还他们，抬来了一大一小两只剥了皮的死鹿，在火堆附近的一棵大榆树下放下来，用石刀将它们割碎，开始烧烤，殷红的鹿血零零星星地掉进火堆里。

老异将两张鹿皮铺开来，准备让大家坐下休息。小蜊歇不住，拿着一把骨刀，在一棵大桑树上刻画着。

忽然小蟾跑来报告，说那边有一只大公猪在转悠。

正在低头割鹿肉的老还，连忙抬起头来说："可别去惹它，那家伙性子倔，小心它跟你拼命。"

"怕什么？"老异霍地跳起来，"那畜生糟蹋了我们多少谷子，我正要找它算账哩！"说着，拿起飞石索，领着小狼，便向那边奔去。小蜊和小蟾也都拿起木矛、投枪，迅速地跟了过去。

在阴暗的林子里，一堆灌木丛后面，一只大公猪，用又长又大的嘴巴拱土，用那一对露出嘴外、向上翘起的獠牙在掘植物块根。它一面掘，一面不管粗细，尽情地吃着。

老异弯着腰，向野猪轻轻地、慢慢地走过去，不一会儿将身子隐藏在一棵松树后面。可是那家伙耸起的耳朵听到了声响，立刻停止了吃东西，抬起头来向这边张望着。

老异本想来个偷袭，可是小狼窜了出去，朝野猪"汪汪"吠叫起来。

老异只得走出去，将飞石索旋舞了几下，对着大野猪，喝声"着"，甩了过去。"梆、梆!"飞石索缠在一棵小树上，石球敲着树干，没有缠着野猪。

一支木矛飞过去，刺在野猪的头皮上，那是小蜊用投矛器投过去的。可是错了，用矛去刺野猪的铁脑袋，是无济于事的。

那野猪愣了一愣，一摆头，将那支木矛摔在地上。它没有逃跑，反倒发疯似的朝老异他们冲了过来。

野猪来势凶猛，连"天不怕、地不怕"的老异他们，也不由得掉头四散逃跑。

那野猪似乎认准了老异是主将似的，它没有向左右跑开的小蜊、小蟾和小狼冲去，而直朝老异冲来。

老异大声叫喊着，快步跑回了驻地。

老还闻声，慌了手脚，一跳爬上了大榆树，脚踏着最下面的一根树枝，将树枝压了下来。

老异正跑到这榆树枝下，一看榆树枝向他伸出了援救的手，就立即向上一跳，攀住了这根压低了的榆树枝。正在这时，老还攀住了上面的一根榆树枝，向上一蹿，爬了上去。他脚一松，那最下面原先压低了的榆树枝向上一弹。老异趁着这股弹力，早趴到了这榆树枝上面。下面，大野猪正好从老异脚底下蹿了过去。

小狼绕了个圈，跑过来了，它一看主人危险，就突然从树后蹿出来，扑向野猪，在它后腿上咬了一口。

小蟾、小蜊等小伙子也拿着投枪、木矛、短棍跑过来了，朝野猪猛扑过去，向它乱刺、乱打。

老烈一时拿不着武器，便举起一把烧得很旺的桑树枝，向野猪扑去。他想：野兽是最怕火的，这火把准会给野猪很大的威胁。

可是野猪偏朝威胁最大的方向冲。老烈一闪，野猪把烤鹿肉的老刑冲倒了，还用它那对獠牙在老刑小腿上戳了一下，戳得鲜血直流。

猎狗狂吠着，向野猪扑过去。

小蜊、小蟾等也围了上去，用投枪、木矛向野猪身上乱刺。

老异早从榆树上跳下来了。他拿起一支投枪，对准野猪心窝，猛刺过去。这畜生嗥叫了几声，倒在地上，喘着粗气，抽搐了一阵，不动了。

四周重归于寂静。每个人似乎都听得见自己的心在怦怦跳动。

暮色苍茫，只有火堆的火还在燃烧着。烤焦的鹿肉发出一股香味，在树林中漂浮着。

大小猎人们定了定神，扶起受伤的老刑，扶着从大榆树上跳下的老还，向火堆边走去……

失败乃成功之母

篝火还在熊熊地燃烧着。

月亮姑娘皎洁的面庞发出雪白的光辉，穿进疏林，偷看着篝火，似乎说：“我来了，你还不熄灭么？”篝火没有理她，它忙于射出闪烁的火光，照亮了月亮照不到的部分树阴；还吐出一缕缕青烟，驱赶着林中的蚊蚋——它以实际行动，回答了月亮姑娘的冷嘲。

人们吃饱了鹿肉，分头活动。

老刑，虽然脚被野猪牙碰了一下，出了点血，可是兴致仍然很高。他拿起两块石头，有节奏地敲打着，领着小蟾、小蜊等几个小伙子，拿着投枪、木矛练舞。他想将今天的狩猎场面，编一个新节目。

只有老异、老还和老烈等几个汉子，坐在榆树下铺着的鹿皮上休息，几只猎狗躺在他们身旁。

老异向后一躺，头靠在大榆树根上，眼睛直勾勾地瞧着那大榆树枝。

“怎么?”老还看了看他说，“惊魂未定呀!”

“想念女常她们了吧!”老烈打趣地说，“出来两天了!”

“去你的!”老异瞪了他一眼，正经地说，“我是想着那大榆树枝。”

“我知道你还在后怕不是!”老还说。

“像你?”老异骂道，“躲起来，比谁都快!”

“那怎么还在想榆树枝呢?”

老异坐了起来，对大家说：“我是想着它那股弹力不小——老还踏在上面，榆树枝压得低低的，我刚刚攀着树枝，老还腿一松，就把我弹上去，趴在树枝上了，一点没费劲儿。”

“这有什么奇怪的?”老烈说，“投矛器、飞石索，不都是借着一股势吗?”

“对呀!”老异拍手道，“飞石索，在空旷地方还行，可是在林子里，不就缠在树干上了？投矛器投的矛，虽然是一直掷出去的，可是投得还不够远。”

“你相信这榆树枝比投矛器投得远吗?”

“试试看吧!”老异兴奋地站了起来，拿起一把石斧，三下五下，把榆树枝砍了下来。老还、老烈将它上面的细枝和树叶全摘掉，还将两端修整了一番。

老刑、小蟾、小蜊练完了舞，全跑过来了，忙问他们在忙什么。老异便把自己的想法告诉了老刑他们。大家一听，挺有意思，立刻七嘴八舌地献计，七手八脚地试验起来。

老还、老烈背着月光，蹲在地上，紧紧把住榆树枝粗的一端，老异、老刑面对月亮合力把梢端向后扳，将榆树枝扳成了一道弧形。“站开，站开！我们要松手了！”老异喊着，向老刑一努嘴，两人同时一松手，榆树枝梢端向前一弹，把老还、老烈摔倒在地，引得一旁观看的人全都拍手哈哈大笑起来。

“呀，这股劲真不小！”老还放开树枝，爬了起来。

“再来一次！”老烈抱起树枝，坐在地上，对老还说，“我们俩朝月亮坐着，把住树枝，看它还能摔倒我们？”

老异从地上捡起一块石头，对老刑说："来！这次我们放上块石头试试，看能弹多远。"

小蜊一听，将一支木矛放在投矛器上，举了起来，说："来，我和你们比试比试！"

站在他旁边的小蟾也立刻举起了投枪。

老异、老刑又将榆树枝扳成一道弧形，老异同时在梢端放上石头，喊了声："放！"

石头被弹得飞了出去，落在前面的草地上。就在这时，小蜊的木矛和小蟾的投枪也一齐飞了出去，远远飞过石头落地的点，斜斜插在前面的草地上。

"不行！"小蟾跑向前，一边喊着，"还没有我的投枪远哩！"小蜊也跟着跑了过去。

老还听了，非常失望，叹着气说："算了，睡觉去吧！"

"泄什么气呀！"老烈骂道，"继续干吧！"

小蟾、小蜊拾回了木矛、投枪。小蜊对老异说："肯定也没有飞石索飞得远啰！"

老异一听小蜊说起飞石索，记起打野猪的时候，它缠在那边树干上了，便对大伙说："大家继续试吧！事情哪有一回就做成功的呢？"说着，吹着口哨，领着小狼，向树林那边走去了。

这里，大家继续试验着。不一会儿，老异就领着小狼，拿着飞石索和一支木矛回来了。

他们又轮流继续试验了几次，弹出的石头比开始时虽然远些，可还是赶不上投枪，比投矛器投的木矛，飞石索甩出的石头更差远了。

大家静了下来，忽然听见一阵“呼噜，呼噜”的鼾声，回头一看，原来老还不知何时，偷偷躺在那块鹿皮上，四仰八叉地睡着了。

老异抬头看了看升到头顶上的月亮，说：“是该睡了，今天先试验到这里吧！”

让牙齿插上翅膀

太阳高高挂在东方的天上。

老异醒来了。他听到桑林外面有人在活动的声音，连忙跳了起来，朝林子外面走去。只见在阳光下，小蜊、小蟾等几个小伙子又开始试验了。

老异走上前去，夸奖他们说：“小伙子不贪睡，有志气！”只见小蜊把飞石索上拆下的绳子绑在榆树枝的梢端，用来拉树枝，弹石头。石头弹出去了，也不见得比昨晚用手扳着弹得远多少。

老刑、老烈、老还他们也全都起身走来看热闹了。老异一看老刑一瘸一拐地，惊讶地说：“怎么，伤得不轻呀？”

“没事。”老刑摇头笑笑。

“这样吧！”老异对他说，“你、我、小蟾和小蜊留下搞试验。看来武器不改进，猎不了多少东西。”他回过头来又对老烈、老还说：“你们带着其余的人去打猎，下半天还在这里集合吧。”

“中！”老烈、老还点头答应。

老烈、老刑烤了点鹿肉、猪肉，大家胡乱吃了些，就分头活动去了。

老异看着老烈他们走远了，便把老刑、小蟾、小蜊叫拢来说：“大家出主意，想办法，开始试验吧！”于是四个人开始干了起来。只要谁提出了一个想法，就立刻试着做一阵，一看效率还是不高，另一个又提出了改进意见，就这样一直干下去。

太阳似乎比平日跑得快些，一眨眼就奔到头顶上了。虽然大家在桑林边上做试验，也感到火辣辣的难受。

老异让大家在桑林里坐下歇息。同时总结一下上半天失败的教训。

小蜊首先说：“我们老是单靠榆树枝直接去弹，总弹不太远。”

小蟾也说：“我看用绳子绑住一头，拉着去弹，不是办法！”

老刑也发表了自己的看法，他说：“我有这么个习惯，做事不要老往一个方向钻。你看野鹿，瞧见前面有森林了，还知道掉头跑哩！”

老异受到了启发，便说：“不绑绳子，我们试过了，绑一头，我们也试过了；那我们将榆树枝两头都绑住，用绳子去弹，怎么样？”

“试试看吧！”四个人同时跳了起来。他们将榆树枝弓起来，用绳子将两端都绑上，做成了一张弓——虽则是很长而窄的，样子非常粗笨的弓。

老异从地上拾起那支木矛，掂了掂说：

“要再短些、细小些、轻些就好了！”

“我们不会将它弄细些吗？”老刑接过木矛，一折两截，拿起尖端那段，用石刀将矛杆削细。

刚削了没几下，老异已经等得不耐烦了。他一把将那半截木矛抢过去，将它搭在弓上，左手把住榆树枝，右手拈着木矛的尾端，抵在绳子上，轻轻拉开绳子，直到弓儿张开得像圆月一般满了，便将矛头指向草原，右手指一松，木矛像长了翅膀，飞也似的射了出去。

“好呀！”小蟾和小蜊一齐跳了起来，拍手叫好。小蟾还追着飞矛，不，飞箭，飞跑过去，将箭拾了回来，高兴地说：“比投矛器投得远多了！远多了！”

“好呀！”老刑欢呼道，“有了这玩意儿，投枪、木矛都可以让它们睡觉了。”

“那倒也不会，它们还有它们的用处哩！”老异说，“比方说，野兽跑近了，那当然还是用矛合适些。”

老刑、小蟾、小蜊立即动手砍树枝，仿照着做起弓箭来。

老刑一边做，一边唱：

从前我们打出石钻、石刀，
我们像添了尖牙利爪。
后来我们制成木棒、长矛，
我们的手大大延长了。
如今我们造成了弓和箭，
像插上翅膀的牙和爪。
飞吧，去咬住快跑的鹿，
飞吧，去抓住高翔的鸟。

他们刚做完两张弓、几支箭，小蟾和小蜊便抢过去，试着射了起来。

“来得好呀！”老异忽然高声叫喊，向草原飞奔过去。小蟾、小蜊抬头一看，原来一群鹿飞奔过来了，就拿着弓箭，跟随老异飞跑。老刑也高兴地远远跟着。

“嗖”的一声，老异箭不虚发，射倒了一只迎面飞奔过来的鹿。

“嗖、嗖！”小蟾、小蜊也合伙射中了一只。

三个人立刻扑过去，从腰带上摸出骨刀，将挣扎着的两只鹿杀死。

鹿群跑过去了。一阵人喊狗吠，老烈、老还他们喘着气飞奔过来了。原来这群鹿是他们驱赶过来的。

老烈一看地上躺着的两只死鹿，问道：“这是你们刺死

的么?”

“不，是我们用这弓箭射死的!”小蟾得意地挥舞着手中的弓箭说。

小蜊也抢着给大家介绍:“这玩意儿射得又远又准!”

“能射到那群乌鸦吗?”老还指着西边桑林上面一群飞过的乌鸦说。太阳的强光刺得他眼花缭乱，一个太阳变成了好几个，再看别处，到处都是太阳。他喊道:“呀，这么多太阳，怪不得这么热!”

老异张弓搭箭，对着那群乌鸦，顿时也眼花缭乱，太阳化成了十个，他眼一闭，右手手指一松，一箭射了过去。

老鸦群飞过去了，一个黑点掉了下来。

小蟾箭似的飞跑过去，拾起了一只乌鸦，又快步跑了回来，交给老异说:“啊呀，三只脚的乌鸦!皮开肉绽，全都粉碎了。”

故事说完了，黄爷爷抬头看了看升到天顶的月亮，长长地吁了一口气。

“好，”小红拍手抢着说，“我最喜欢听原始人打猎的故事了！”

东火也抢着说：“打野鹿，打野猪，都说得有声有色，特别是那野公猪，真倔。”

方冰扶了扶眼镜框，慢条斯理地说：“故事说的是弓箭的发明，这发明有一个长长的酝酿过程，不是一次完成的……”

“这是‘慢拍快放’呀！”东火和小红赶紧说。

“是呀，”方冰笑着说，“我没有说不该呀！我只是说，这故事头两节放在四五万年前也可以。”

“弓箭发明是在一万多年前吧？”小红问黄爷爷。

“一般是这样。”黄爷爷说，“可是在我国山西峙峪和北非的一些地方，在两三万年前，就造出了原始的弓箭哩！”

“听讲解员阿姨说，弓箭的发明可是个重大的技术革新。”东火接着说，“自从有了弓箭，人们便有了一种新的强有力的武器，增强了人类征服自然的能力。正如鲁迅说的：原始人对于动物的威权，是产生于弓箭等类的发明的。”

黄爷爷点点头，笑问道：“听出什么漏洞来了吗？”

“没有，没有！”东火和小红抢着说。

可是方冰笑道：“漏洞总会有的。像故事里老异说‘正要找野猪算账’，这‘算账’的词儿，总得放在计数以后吧！”

“不算，不算，”小红辫子一甩说，“不是说了让他们说现代话吗?”

黄爷爷和东火听了，都不禁笑了起来。可是方冰扶了扶眼镜框说:“只怕此例一开，以后我们讲起来，新名词会更多了。”

小红又把辫子一甩说:“以后讲的尽量注意，避免使用新名词，听的人也别再挑眼了。”

“你也别再甩辫子了。”东火向她瞪眼说。

“行!”小红笑着说,“只要你别再瞪眼。”又指了指方冰说:“你也别老扶眼镜框!”

说得大家都哈哈大笑起来。

种　粟

吃了晚饭，黄爷爷领着三个中学生走出半坡博物馆，踏着月光，往南走去。他们走到一块粟田边上，在田垄上坐了下来。

今天预定讲农业起源的故事。因为妇女是原始农业的发明者，所以黄爷爷将这个故事分配给小红来讲。

为了准备这个故事，小红忙了一整天。除了和大家一起参观了各种原始农具，加盖的陶罐里放着的小米（粟)、白菜、芥菜种子等以外，她还看了一些有关原始农业的资料，又和黄爷爷一起编排了故事的详细提纲。

她虽然感到有几分把握了，但是还怕说不好。因此一坐下来，先说了一串“我准备得不好呀”“大家多提意见啦”之类的“开场白”。

“废话少说，言归正传吧！”东火没瞪眼，只是不耐烦地挥了挥手说。

小红这才大着胆子，正式讲了起来。

收 割

秋天的骄阳，火辣辣地照射在粟田里。粟田里热烘烘的，像刚烧过的火坑似的。

庄稼已经成熟了。那些籽实饱满的粟株，谦虚地低下脑袋；可是有些籽实空瘪的，却昂头挺立，傲视一切，似乎它们有什么值得骄傲的理由。

农母领着女常、女瑶等一群女人和孩子，在粟田里收割庄稼。因为天气热，她们几乎都赤身裸体。只有些年轻的女人，用带树叶的树枝编成围裙，系在腰间，编成项圈和帽子，套在脖子上，戴在头上，挡挡灼热的阳光。

农母和女瑶等女人用骨刀、蚌镰割着粟穗，可是女常还是习惯用石刀割。她们把割下的谷穗，集中在一块铺在地上的兽皮上面。

小兔和小蛙等几个孩子，离她们远远的，在粟田另一头采摘着谷穗。她们用小手掐断谷穗头，掐得并不慢。

女常伸了伸腰，手搭凉棚，向小兔她们那边张望了一下，口中喃喃骂着：“小兔这些小东西，摘得又慢又不干净，总得我再去收拾一遍。”

女瑶也伸了伸腰，手搭凉棚，向小兔她们那边张望了一下，回答女常道：“孩子嘛，当然应该严格要求，但她们干得不比我们慢哪！”

农母一边收拾着兽皮上的谷穗，一边对女常说：“你总是这样——我跟你说过多次了，对孩子们太苛刻，她们都不愿跟你干了，总有一天让你一个人忙去。”

“谁叫你把那些男人放走！”女常顶撞地说，“正是秋收大忙季节！”

“男人们有男人们的事，他们忙着打猎哩！”

“谁爱吃那些臭肉！”

“臭肉？饿了也得吃！”农母摇了摇头，不愿再说了。她拎起兽皮包，送到田头去，将谷穗倒在田头大树阴下的谷穗堆上，谷穗堆积得像个小土丘了。

农母年纪大了，近几年来身体越来越差劲了。她不再回到粟田里，在附近摘了一大捆荆条，坐在树阴下，编起篮子来。她准备用篮子盛谷穗，让大伙运回村子，窖藏起来。

小兔、小蛙各拎着一大包谷穗送来了。

农母表扬她们说：“你们干得真快啊！要注意摘干净啊！”

小兔高兴地说：“有些空瘪的，我们没摘。”

“对！”农母说，“小兔，你把这兽皮送给你妈去！”

“让小蛙去送吧！”小兔说着，拎着自己和小蛙拎来的那两块兽皮，径直回自己的小伙伴中去了。

播　种

太阳早已当顶，天空又没有一丝云彩，粟田里更热了。农母虽然坐在大树阴下，也感到很热，所以当小兔、小蛙再送谷穗来的时候，就对她们说："叫大家到这里来休息吧！"

小兔、小蛙跳到田边上，用小手合在嘴上，做成个喇叭，向四边高声叫喊："休息啦！歇晌啦！"

人们纷纷来到田头大树阴下，围着农母坐下来，学着做篮子。有的回村里去奶孩子，有的到河边去喝水，但很快也都回到农母身边，围着农母坐着做篮子。

女瑶是个编篮能手，一口气就编了一个。她又拿了些荆条，爬到树丫上坐着，一边编篮子，一边乘凉。

小兔、小蛙她们用湿黏土做了一阵子泥娃娃，又用树棍在地上画了一会儿画，便缠着农母要她讲故事。农母讲了好几个小故事了，但她们还不满足。

小兔说：“来一个长点的啰！”

小蛙也说：“来一个好听点的啰！”

农母一看，来的人多了，都眼巴巴地望着自己，便放下刚编好的一只篮子，振作精神，说了起来：

“那一年啦，我还只有小蛙这么大。也是这么炎热的天，男人们出去打猎，总是空着手回来，全靠咱们女人去采集啦。可是女人们也采得不多，附近树上的果子、地下的山药，都采集、挖掘完了，可吃的都吃光了。

“姥姥说：‘我们明天走远一点。’好吧！第二天天刚亮我们就动身，到大草原上去。可是草原上也没有什么，采了大半天，小野果、攀根草，还不够我们女人吃的哩。

“前面有一棵大树。天气热死了。姥姥说：‘到大树下歇会儿吧！’好吧，大家都坐到大树树阴下了。

“树那边微微凹下去的地方，大家叫它谷地的，长着一大片狼尾巴草——现在大家叫它狗尾草了。

“我跟一个小姐姐，也像小兔这么大吧。”农母一边抚摸着坐在身边的小兔的头顶，一边说，“虽然走得很累了，可是歇不住——小孩子嘛！小姐姐说：‘我们去摘点狼尾巴草，来斗草吧！’好吧，我俩摘了一大把，走回大树下，斗起草来了。

“坐在旁边的姥姥，拿起一根狼尾巴草，将籽儿捋下来，放在手指间团弄了一下，塞进嘴里，嚼了起来。

“我说：‘姥姥，这能吃呀？’

“‘怎么不能吃？’姥姥笑了，说，‘可以吃嘛！’

“妈说：‘哟，那么多毛毛，怪腻心的！’

“二妈说：‘那么小的籽儿，还不够塞牙缝儿的。’

“还有一个妈说：‘从来没有人吃过。’

“可是也有人不同意她们几个的意见，一个说，‘刺猬还有刺哩，可我们只吃肉，不吃刺嘛！’

“又一个说：‘籽儿小不要紧，聚少成多，就够塞饱肚子了。’

“还有一个说：‘从来没有的事多着哩，听说从前的人住在山洞里哩，可我们现在不是住在棚子里吗！’

“大家争个没完，一群鸟儿飞来了，干什么呢？吃狼尾巴草籽呀；一会儿，鸟儿轰地一下飞走了，为什么呢？来了一群野牛。干什么呢？吃狼尾巴草呀！它们把整株整株的狼尾巴草都吞下肚去了。

“于是姥姥说：‘鸟儿、野牛都吃，我们为什么不能吃？试试看吧！’

“只要姥姥一决定，不管赞成的、反对的，全都动手，一人摘了一大捆，背回村里。”

“后来呢？”小兔急着想听下去，搂着农母的脖子问。

“听姥姥说嘛！”女常瞪了她一眼。

农母摸了摸小兔的脑袋，接着说：“起先我们是烧着吃，可是容易烧焦，焦得发苦，而且，男人们看见是狼尾巴草，虽然饿了不得不吃，可是显得很看不起的样子。有一次，我们又摘了很多捆狼尾巴草回来，走到村外头，姥姥说：‘男人们不是看不起狼尾巴草吗？我们把穗子摘下来，用石头捣碎，别让他们看出是狼尾巴草来。’

“说干就干，一齐动手，狼尾巴草籽被捣成了一大包碎谷粒。我们把这些碎谷粒搬回村去。男人全没在家，打猎没回哩！

“姥姥把碎谷粒倒在那个大石臼里，和上水，捏成一块一块，放在火堆边的大青石上烤着。烤熟了，掰了一块嚼嚼，说：‘很好吃呀，又甜又香哩！’

“男人们打猎回来了，一个个饿狼似的。女人们把烤饼拿出来给他们吃，一个个都吃得笑呵呵的。”

说到这里，大家都嘻嘻地笑了起来。只听得农母继续说：

“从此我们有事干了，摘狼尾巴草，做烤饼啊。

“第二年，草儿发芽的时候，新鲜事出来了。在村外捣狼尾巴草籽的地方，长出了一片狼尾巴草。大家说：‘狼尾巴草长在村外头，这才好哩！以后用不着到谷地去摘了。’

“可是二妈说：‘这么巴掌大一块地的狼尾巴草，还不够吃一两顿呀？’

“妈说：‘不会多种点吗？’

“本来是种子的‘种’嘛，可是妈说的时候，为了说明狼尾巴草籽钻进了土，便把调子一变，说成了‘种’(zhòng)，这可成了个新鲜字。姥姥听入了耳，她总结大家的经验，作了决定：以后摘了狼尾巴草，今天在这块地捣狼尾巴草，明天便换个地方捣，一天换个地方。

“又到了第二年草儿发芽的时候，狼尾巴草长了一大片，比头年的地大多了。

“其实呀，这还不能叫‘种’啊！

“过了几年，又生出新鲜法儿来了。姥姥叫大家在头年把那些穗大的留下来，第二年春天，天上的三星傍晚西沉了，地上的草儿快要冒尖的时候，把籽儿撒到地里去，还弄点土盖上，这才真叫‘种’哩！那年，到现在这个时候，长出来的狼尾巴草，籽大穗满，毛毛儿似乎也没有那么长了。

“有人说：‘草原上的狼尾巴草我们都叫狗尾草了——因为喂的狼叫狗了嘛——这种的草也不大像原先的狼尾巴草了，更该换个名字了。’

“大家商量的结果是，这狼尾巴草最先不是在谷地里弄来的吗？就叫它谷子好了。”

小蛙听到这里，恍然大悟地说：“啊，这就是我们现在收的谷子呀？对，是谷子，一定是的！”

“是的啊！”农母接着说，“这几年又生出了新鲜法子，为了扩大种谷子的地方，我们换个地方，把一大片地里的小树儿全砍倒，烧光，再下种，这年的谷子长得更好了……”

“这可是老烈的主意！”坐在树丫上的女瑶插嘴道。

“大家商量着、试着办嘛！”农母又说，“今年天这么热，地这么干，我原担心谷子没收成哩！可这东西不怕干，

不怕热……"

忽然，坐在树丫上的女瑶叫喊起来："呀，他们回来了。"

大家都不约而同地站了起来。

草药治病

猎人们的队伍回来了。

走在前面的是背着榆木弓的老异和小蟾，他俩用两支投枪绑着一只大母猪抬着。那大母猪时不时抽搐一下，还没死哩。

接着是老还和老烈，两人抬着一只死鹿。那死鹿耷拉着脑袋，一对又长又大的角叉在地面上磕磕碰碰的。

其余的人，有的背着一只黑狐狸，有的脖子上缠着一条长蛇，还有一个肩上搭着一只长有红色羽毛的大鸟，长尾巴拖到了地上，样子有些像野鸡，可个子比野鸡大多了，据说叫凤鸟。

最后是小蜊扶着老刑，一步一颠地走过来。

女瑶从树上跳下来，欢呼："丰收呀，丰收呀！"可是当她看见老刑一瘸一拐，小蜊面有病容，连忙问："你们怎么啦？"

"没事！"老刑、小蜊齐声回答。女瑶也就没再追问。

其他收割的人也一齐迎上前去，帮着猎人们把猎物卸下来。

老异向粟田看了看，说："你们还没有收割完哪！"

女常哼了一声，把脑袋晃了几晃，将披在额头上的一绺长头发甩到肩上，抱怨地说："把我们的腰都累断了，你们在外面倒快活！"

老还笑了笑说："我明白了，你在想念老异不是？"

"去你的吧，想他？我才不哩！"女常嫣然一笑，腼腆地分辩着。

“想倒是想的！”女瑶说，“我们都想你们，想你们回来——干活！”女瑶装得一本正经，把“干活”说得特别响亮，逗得大家哈哈大笑。这笑声融汇着一阵南风，把猎人们和农妇们的疲劳驱散了。

农母笑着点点头说：“是呀，以后农忙，你们还得多帮忙呀！”

老异已经放下母猪，卸下了榆木弓，便把手一挥说：“好，下地去，跟你们比试比试！”

男人、女人、孩子全往地里跑去。

老刑、小蝌也要去，老异拦着他们说：“你们有病，在这里陪着农母吧。”说着，自己下地去了。

农母看着他俩说：“你们怎么了？”

小蝌说：“他被野猪戳了一下，我，受凉了。”

农母在附近找了一把草药，放在口中嚼碎，敷在老刑伤口上，再盖上一片大树叶，用几根草扎起来。接着，又找了几根野葱似的草，要小蝌嚼嚼吞下去。

小蝌拿起“野葱”，塞进嘴里，嚼了几下，一股辣味直冲脑门，鼻子立刻通气了，全身似乎也不酸痛了。他叫了声：“妙啊！”接着，问农母道：“听说您什么草都尝过，什么病都有药治，是吗？”

农母笑了笑说：“没那么回事，我一个人有多大的能耐？我们的先人，也像野兽一样，身体有什么不舒服，就找点野草什么的尝尝，吃了有毒的就死，吃了不相干的就无效，有时吃对了就好起来。就这样，多少年来，用无数人的生命，才换来了一些经验，认识不少草药了。”

农母又问：“他们都好吗？”

老刑说：“大伙昨天白天受了热，晚上在树林里躺了一晚，早上起来，鼻子都塞了，声音也重了。”

小蜊接着说：“可是今天白天，跑了大半天，出了汗，很多人又都没事了。”

农母说：“我藏了一些紫苏、野葱、山姜，回去泡上一些，一人喝一狼头壳。”

大家正在谈论草药治伤病的经验，躺在那边的大母猪，忽然哼了一声，动弹了一下。农母一边骂着“偷吃谷子的家伙”，一边走过去，摸了摸它的大肚皮，惊喜地说：“呀，有小猪崽了，留着它别杀了。”

“不怕它伤人么？”小蜊问。

“母猪和小猪，不那么凶的。”农母说。

人们纷纷从大田里回来了。有了男人这支生力军，全部谷子很快都收割完了。

小兔忽然发现大树下几张榆木弓和一些箭，举起来问猎人们：“这是什么新鲜玩意儿呀！”

老还慌忙说：“那是老异的弓箭，你可别拿！”

老异把弓接过去，举起来给大家看，告诉大家：“这是我们的新武器！”

小蟾、小蜊抢着说：“真是好宝贝呀，今天打了不少野物，多亏了它。”

农母接过弓箭，眯细着老眼，仔仔细细地端详一番，兴致勃勃地说：“这么了不起呀，谁做的呀？”

“是我——！”老还一看大家称赞弓箭，农母大概要表扬了，连忙抢着说。可是要把这桩功劳全归在自己身上，又觉得未免太荒唐，所以只吐出了两个字，便把其余的字吞了下去。幸亏老刑也在说：“是老异做的——也是大家做的！”他说的声音很响，因此大家并没有听见老还的话。

“对，是我们大家做的！”老还连忙说。接着，他把自己如何爬上榆树，如何腿一松，添枝加叶地说了起来，似乎要不是他，弓箭是发明不出来的。

所有女人和孩子都听出了神，可是猎人们不耐烦了。老烈骂道：“呸！见危险就让，见荣誉就上！”

太阳落到西边竹林林梢后面去了，空气顿时凉爽了许多。

农母高兴地宣布：“老异他们发明了弓箭，打猎和谷子都取得了丰收。今晚我们要开个庆祝丰收的大会。老刑，编个丰收舞吧！”

老刑说：“我们编了个《桑林之舞》；谷子收割我没参

加，让女常编吧！”

“我们早编好了哩！”女瑶拍手欢呼跳跃地说。

大家听着高兴极了，有的抬野兽，有的提谷篮，纷纷往村里走去。

小红讲完了。黄爷爷拈须微笑，问东火和方冰道：“怎么样呀？”

“还行，还像个故事。”东火点点头说，“中间由农母来讲故事，这样可以把一两万年的事浓缩在一次讲完。后边草药治伤病，和农业也有密切关系。”

“还行！”方冰正要用右手大拇指顶顶眼镜横梁，忽然想起昨天规定的“纪律”，手抬起一半又缩了回去，“传说中有个教民稼穑和尝百草的神农氏，历来作为男的。现在称作农母，表示妇女是原始农业的发明者。其他名字也各有来历，也行。”

“这些名字都是黄爷爷安排的。”小红不好意思地说，“但黄爷爷说，也不要死抠传说，因为很多事迹不完全相同。”

“主要人物都出场了，我们接着讲，就不必再创造人物了。”东火对方冰说。

“为什么不必创造？就是现有人物也得发展哩。人物性格要发展，甚至弓箭、农业也要发展。”方冰说。

黄爷爷补充说：“是呀，我国古代劳动人民在农业发明方面是有贡献的。这故事说的是北方种粟，南方这时候，还普遍种水稻，都是世界上比较早的。以后还有花生、芝麻、蚕豆、甜瓜等农作物。在一个故事里是讲不完，也不必讲完的。”

驯　狗

天快黑了，一轮圆溜溜的月亮从东边小土岗上爬了出来。

黄爷爷领着三个中学生走出博物馆，迎着圆溜溜的月亮走去。

今晚轮到张东火讲《驯狗》的故事。他性急，一路走着，一路就讲了起来。大家只得随便找了个地方，席地而坐。

村落生活一瞥

夕阳西下。人们抬着野物，招呼着猎狗，提着盛满谷穗的篮子，踏着自己长长的身影，跨过两棵大树干搭成的木桥，走进了村子。

村子建立在河边阶地上，周围有一道两三人深的壕沟。跨过壕沟上的桥走进村，中央是一大片空地，是全氏族集体活动的广场。左边是一列排成弧形的小圆屋，是成年人的宿舍。右边有一间特大的方屋子，是老人和孩子的集体宿舍，也是全氏族的会议室。方屋两侧有几间圆形的仓库和杂屋。屋子外围都有大片大片空地。

这些屋子，从外面看，都不算太高，可是站在屋里，大人也摸不着屋顶。原来它们都不是从平地盖起的，里面比外面低下去半人深，叫作穴室。

小兔和小蛙合伙提了一篮谷子，领着猎狗小狼，最先走进一间放谷子的仓屋。她们沿着斜坡式门道走下去，将谷篮放好，便领着小狼出门到处玩去了。

她们先跟着老异和小蟾，看着他俩将那只大母猪送到方屋旁一个小茅屋里。又跟着老异到南边河岸上一块空旷的地方，看老异教小伙子们射箭。

小兔向老异要了一张小弓，也想学着射箭，可是她没有箭，便和小蛙在河滩上捡了些小石子，轮流弹着玩。一颗弹子弹出去了，小狼便飞快地跑去把它含了回来。

正玩得高兴，忽听女常在那边叫嚷："小兔，小兔，死到哪里去了，也不来帮忙收拾一下谷子！"

小兔和小蛙连忙领着小狼跑过去，帮着女常和女瑶她们把谷子一篮一篮地搬到一间大点的仓库里去。

女瑶说：“先这么放着吧，还得窖起来哩！”又对女常说：“咱们的《丰收舞》，还没有练熟哩！”

女常“哼”了一声，说：“不就那么几个动作吗？还没练会？”

女瑶说：“好上加好呗！”

于是，她们一起向东边一块空地走去，只听见“噼里啪、噼里啪”，老刑敲着石块，领着几个小伙子在练《桑林之舞》。她们站着观摩了好一会。女瑶着急地说：“你瞧，人家跳得多好，咱们赶快练吧！”于是她们开始排练起《丰收舞》来。

刚练了一会，忽然小蜊跑来通知：“农母‘煮’了一石臼草药，谁着凉，就去喝一点。”

小兔和小蛙，领着小狼跑到村子中间那块空地上，只见农母站在火堆旁一个大石臼前，石臼里泡着紫苏、野葱、山姜什么的。农母将一块块烧红的石头，投进大石臼里，石头激得水“嗞嗞”作响，冒出一缕缕白烟。

农母拿起一只狼头壳做成的勺子，舀起一勺勺药水，让小蜊领来的几个猎人喝下去。

在火堆另一边，老烈、老还和几个妇女在烤肉。他们将一块块野鹿肉、野猪肉、大蛇肉、狐狸肉放在火上烤着。野物的脂肪一点一滴掉在火里，发出“嗞嗞”的声音。在火堆边的大青石上，还烘烤着一块块的谷子饼。一阵阵的烤肉香气混合着谷饼的焦煳味，在广场上空漂浮着，顶好闻的。

小蛙忽然对小兔说："我们到河里去捉些鱼来烤着吃，好不好？"

小兔点了点头，正要领着猎狗小狼动身，可是农母说："这么多吃的，还捉什么鱼！"

老还也听见了，连忙对小兔和小蛙说："鱼是我们的守护神，那年饥荒，救过我们的命的，我们鱼族人，可不要去捉鱼！"

农母一看她俩有点不高兴了，连忙说："去通知大家，肉和谷子饼都烤熟了，快开庆祝大会了。"

小兔和小蛙这才高兴起来，忙领着小狼，到处通知去了。

庆祝大会

苍茫的夜幕徐徐地拉开了。一轮圆溜溜的月亮从东边小土岗上爬了出来。村子中央的广场上升起了一堆篝火，欢腾的火苗苗闪耀着红色光辉。

庆祝丰收的大会开始了。人们远远地围着篝火坐着。

农母站在火堆前，谈了谈今年的丰收。接着，将鹿头、猪头、狐狸头分别奖赏给老异、女常、女瑶等战斗英雄和劳动模范们。将烤饼、兽肉平均分配给每个人，不管是大人还是小孩，各得一份。

老还没有得到奖赏，正有点懊恼，只听农母说："还有很多人，也都尽了自己的力量……"他便把自己算进这

“很多人”之内，拿起分给自己的一条鹿腿，高兴地啃了起来。

氏族其他成员也都欢天喜地吃着烤饼，吃着兽肉，还将啃下的肉骨头抛给猎狗吃。

文艺节目开始了。

第一个节目是猎人们的大合唱《弓箭之歌》。这歌是老刑编的，我们在前面已经听过了。

第二个节目是《丰收舞》，只听“啪、啪，梆——！”石块和木梆一敲，女常和女瑶领着几个女孩子，手舞足蹈，踏着节拍走了出来。

她们从烧荒、播种开始，眼看着，谷苗欣欣向荣地长起来了。可是天气太干旱了，一棵棵谷苗蔫巴了。在中间旋舞着的女常察看着一棵棵谷苗，忧心如焚。她伸手向天，似乎是向天求雨，可是老天无言，它不关心人们的死活。

大家焦急着，议论着，忽然，女瑶扮演的“农母”走了出来，指着南边的河，鼓动大家到河边去取水浇苗。

姑娘们一个个提着皮口袋，排着长队，到河边取水，浇灌在一棵棵谷苗上。

她们辛勤地劳动着，谷苗复苏了，谷子长成了。

在昏黄的月夜里，沙拉拉，野猪来偷吃谷子了。它们贪婪地吃着，放肆地糟蹋着，把谷田里弄得一塌糊涂。

女常和女瑶领着姑娘们打着火把，牵着猎狗，驱赶着野猪……

经过三灾八难，收获的季节终于来到了。

最后是兴高采烈的收获场面，是舞剧的高潮。

大家一起一伏地弯腰收割谷穗，同时唱起了丰收之歌：

火热太阳嘎，炙烤大地，
金黄谷穗呀，一望无际，
满头汗流哇，双手茧起，
不靠老天哪，全靠自己……

舞蹈演员们肩扛着满篮满篮的谷穗，在观众的鼓掌声中，排着队，一步一蹬地走下了“舞台”。

接着，便是老刑、小蟾他们的《桑林之舞》。

“噼里啪，噼里啪！”石块敲着急促的节拍。

开始是威武、雄壮的集体舞，作为序幕，显然是描写草原逐鹿的场面。

观众的精神一下子振奋起来，连坐在小兔身旁的小狼也汪汪地直叫，撒着欢儿，跳上“舞台”，追奔在演员们后面，逗得大家拍手大笑起来。小兔连忙跑上前去，把小狼抱了下来，坐回原处。小蛙帮着小兔紧紧地搂着它，不让它乱跑。

再看“舞台”上，猎人们进入桑林了，演员分散坐在四周，各干各的活儿，舞剧转入了一个喜剧性的场面。

老刑扮演着野猪，在丛林后面拱土、掘东西吃。他扮演得像极了，把大公猪那股倔劲儿活灵活现地演了出来。

一个小伙子扮演老异，拿着飞石索，躲在一棵大树后面，准备偷袭。可是小蟾扮演的小狼叫起来了，引得小兔怀里的小狼也汪汪地跟着叫。小兔连忙将一块鹿肉塞进它嘴里，不让它打岔。

小蟾扮演小狼，也非常逼真。他灵活勇猛，在“舞台”上奔前蹿后，引得大家把注意力都集中在他身上。特别是当“大公猪”倔劲大发，向“老异”冲去，“老异”攀上榆树枝的时候，它一冲上前，狠狠地咬了“大公猪”一口，使得“大公猪”从优势转为劣势，终于在大伙的围攻下被制服了。

《桑林之舞》引起了大家更大的兴味，大家都不禁热烈地鼓起掌来。

小兔最爱小蟾的表演，因而也很喜爱小狼的勇敢。她连忙将一块烤饼，塞进小狼的嘴里。

狼是怎样变成狗的

月亮升到了半天空，准备的节目都演完了，可是小兔、小蛙意兴未尽。她们缠着农母，叫她讲故事，还出了题目，要她讲小狼的故事。

农母有点累了，她说："猎狗是狗族传来的，让老异讲吧！"

在一阵鼓掌声中，老异走了出来，站在中间燃烧着的篝火前，指手画脚地讲了起来。

"这故事不是我讲的……"

老异这个开头，使得小兔、小蛙都很纳闷：明明是他在讲呀，怎么又不是他讲的呢？幸亏老异接着说了句"是听我盘爷爷说的"，这才明白过来。老异继续说：

"我们狗族，原先叫狼族，因为那地方狼很多。在我们打猎的时候，它们也混在猎人中间，追逐着羊群。

"野狼和我们的猎狗样子差不多，只是嘴巴尖些，尾巴短些，牙齿厉害些。在暖和的日子里，它们分散活动；可是一到冷天，它们就经常成群结队，到处流窜，有时还窜进村里，拖小孩吃。

"听盘爷爷说，狼性子可凶狠哪，一只狼死了，其余的饿狼就扑上去，将它撕碎，吃个干净。所以大人们晚上也不敢出去，只能在村子外围挖了很深很宽的壕沟，傍晚还要把木桥抽掉。在壕沟外面还挖了好多陷阱。早上起来，经常发现有狼掉进陷阱里去，大人们便说：'狼爷爷送吃的来了！'于是大家一齐跪在陷阱边感谢一番，然后将它抓上来，宰着吃。

"一天清早，一阵喧嚷声把我从梦中惊醒，一个叫小同的跑来报告，说每个陷阱里都掉进了狼，都被抓了起来，拖进了村子里。

“我一翻身爬起来，跟小同跑到广场里。只见几只大狼都被打死了，只有几只小狼在转悠着。大人们在争论，有的说要把小狼也打死，一起吃掉；有的却说，大狼够吃的了，小狼也没有多少肉，过一阵子，长大了，再吃吧！”

老异说到这里，看了看天顶的月亮。

“后来呢？”小兔听出了神，连忙追问。

老异接着说：“我们几个小伙伴，最希望把小狼留着了，便一齐起哄，坚决反对杀小狼，小同甚至哭了起来。

“盘爷爷抚摸着我和小同的头说：‘傻孩子，小狼长大了，会咬死你们的！’可是我们还是不让。

“盘爷爷最宠我们了，便不顾大人反对，将几只小狼交给我们去喂。

“我们小伙伴每天将自己分得的一份肉省下一大半，撕碎了喂小狼吃，成天逗它们玩，这样，它们跟我们成了好朋友，一天到晚，形影不离。大人们说，狼崽子成了我们的小尾巴了。

“我们长到十来岁，能够出去打猎了，便带着它们一起去。它们最会发现野物的踪迹，还帮着咬伤野兽，拾回猎物，成了猎人的得力助手……”

“昨天，还救了‘我’的命。”老刑在旁边代他加了一句。

老异点了点头，故事就算讲完了。大家便一齐鼓起掌

来，小兔、小蛙鼓得最起劲。农母却陷入了沉思。

故事讲完了。方冰一反常态，摇着头先发言："文不对题，甚至是离题万里。题目是《驯狗》，可是正式讲驯狗的只有最后一节。"

"狗在前天就出场了，哪有那么多讲的呀！"东火脸红脖子粗地替自己辩护说，"所以我借这机会，把氏族村落的生活描写一番。"

"村落情况不介绍一番行吗？丰收了能不开个庆祝会吗？"小红也为东火辩护说，"而且，在一二节里，也尽量让猎狗小狼出场了呀！"

"好吧！"方冰不愿再辩，便另外提出了个问题问黄爷爷，"黄爷爷，在《张弓》故事里，狗出现在弓箭发明之前，可是我今天看了一本书，说弓箭发明比驯狗早哩！"

黄爷爷说："大概还是说在我国山西峙峪遗址和北非有

些地方在两三万年前就有弓箭了吧!”

“对，对!”方冰点点头说。

“可是很多地方，弓箭的发明和狗的驯养大约都在一万年前左右，是随着狩猎业的发展而发生的。各个地方此先彼后是可能的。”黄爷爷说。

“狗不是吃肉的吗?为什么它倒先被驯养呢?”小红也提出了个问题。

“这有很多道理。”黄爷爷摸着白胡子说,“人们在长期的狩猎活动中，早就了解到狼机警、灵巧的习性，敏锐的感觉器官和善于奔跑追逐的本能。所以驯养它作为打猎的帮手。”

“也是很好的警卫员。”东火插话道。

“对,”黄爷爷点点头，接着说,“另外，狼分布很广，世界很多地方都有。它在食肉动物中又是比较原始的种类，不像虎、豹这些凶猛的野兽。”

“对呀,”方冰有所领悟地说,“原始的东西都具有比较大的可塑性。我们人类的起源和古猿的一些原始性质也有关系哩。”

“对,”小红喊道,“从小狼崽开始驯养，也是因为它幼稚吧，而幼稚是成长的开始啊!”

养 猪

吃完晚饭，张东火立刻找来了黄爷爷和小红，准备出去散步。可是方冰不知躲到哪儿去了。三人分头找了半天，最后还是黄爷爷在博物馆的猪圈遗址那里找到了他。他正在观察遗址里厚厚的家畜粪便和陈列的大量猪骨哩。

原来今天轮着方冰讲养猪的故事。他准备了一整天，翻阅了很多资料，观看了大量有关实物，还怕准备不够，吃了晚饭，又钻到猪圈遗址里来考察了。

黄爷爷他们把方冰拉出博物馆，天已经黑了，幸而东边小土岗上的圆溜溜的月亮已露头了。他们在博物馆北边的小亭子里坐了下来，听方冰讲《养猪》的故事。

救活母猪

庆祝会结束了，篝火的火苗在渐渐低下去，暗下去。升到天顶的一轮明月照得大地如同白昼。

刚才还很兴奋的孩子们打着呵欠，揉着眼皮，纷纷奔向大方屋子，睡觉去了。可是刚才有点疲乏的农母，却兴奋起来。她把老异、女常、女瑶叫拢来，对他们说："老异讲的故事，对我们很有启发……"

老异是个聪明人，立刻说："您的意思是把那只怀孕的大母猪救活过来。"

"哟，"女常叫起来，"救活过来？不，它要咬人的。"

农母说："甭怕，我知道。猪，没有狼那么凶狠；母猪，獠牙没有公猪大，也不像公猪那么倔。生了小猪，就有现成肉吃。老异，你说呢？"

老异说：“我能叫野兽死，叫它活可难哪！”

农母笑道；“你要学公猪的倔劲，哪里危险往哪里冲，迎着困难上吧！”

农母的话，说得老异三个都笑了起来。

女瑶说：“我看行。又不是喂豺狼虎豹。豺狼虎豹要吃肉，哪有那么多肉喂它们，它们又能给我们多少肉？可是猪，什么都吃，我们喂它们草，它们还我们肉。”

“哼！”女常说，“野猪个头大就一把寡嘴，能有多少肉啊！”

农母说：“它们成天在外面奔波，自然长不起肉来，我们把它们圈起来，多给它们吃的，还怕长不肥？”

“不要争论了，”女瑶说，“我们先去看看吧！”

于是，农母点了个松明，领着老异三个，走进了放母猪的小茅屋里。

那大母猪前后两双脚都被结实地捆了起来，挺着个大肚子，躺在那里哼哼着，一见火光，大叫一声，露出了不大的两颗上獠牙，挣扎着要站起来。

农母在它身上仔细观察了一会儿，说：“有两处戳伤，这里胸口上还有个箭头哩！”说着，用手一拔，就把那箭头拔下来了。它只是一块小石钻，不像后来的箭头那样有倒刺，而且当时弓的劲头还不够大，也许离得远，箭头没有钻进心窝，所以没有把它射死。

农母又说：“老异，你把绳子解掉，行吧！”农母一看老异面有难色，立即改口说：“先解掉后腿上的吧！”

于是，女常和女瑶按住母猪，老异蹲下身子，把母猪的后腿解开。

农母说："老异，你在这里守着。我去弄点草药来，给它的伤口敷上。女常、女瑶，你们给它弄点吃的。"说完，三个女人就走了。

老异拿着松明，在屋角里蹲着。他想：大家怕野猪，不就因为它有两颗大獠牙吗？他便顺手在屋角里抓起一块石头，只一下，便把那母猪的一颗大獠牙敲了下来，又一下，把另一边的一颗也敲了下来。

不一会儿，农母拿来一把草药，一面嚼着，一面走了进来。她让老异拿松明照着，将草药敷在母猪伤口上。

女常拿来个狼头壳，壳里泡了些谷子；女瑶拿来几块烤饼。

女瑶一看大母猪满嘴鲜血，两颗大獠牙敲掉了，高兴

地指着它说：“好呀，这下看你还凶！”

老异和农母掰开母猪那又长又大的嘴，女常便将一壳水泡粟米倒进它嘴里。母猪先还挣扎着，可是一尝是好吃的，倒也不好意思拒绝，就把那一壳粟米汤吞了下去。女瑶趁势将一块烤饼塞进它那大嘴巴里。

农母一看母猪肯吃东西，便叫女瑶将剩下的几块烤饼丢在它嘴边，然后对大家说：“我们去睡觉吧！”

小猪出世

“生小猪啦，生了‘一手’小猪啦！”

刚睡着的农母，被叫声惊醒，一看天已大亮，一听是小蜊还在喊：“生小猪啦，生了‘一手’小猪啦！”

她立刻撑持着爬了起来，就往放母猪的小茅屋走去。只见老刑、老还、老烈、小蟾、小兔、小蛙他们，都挤在小茅屋门口，又想看，又不敢进屋里去。

农母排开众人，走进小茅屋里，只见母猪躺在那里哼哼着，仿佛干完了一桩重活似的累得不行，睁一只眼，闭一只眼。对小猪，不闻不问，似乎和它没有什么关系；对农母，既不表示欢迎，但也没有敌视的意思。

再看那小猪。一、二、三、四、五，可不是“一手五指”之数？它们的身上都带着纵行条纹，倒挺好看的。它们已经会走了，跌跌滚滚地围着母猪身边转，似乎在寻找什么。

农母知道它们在寻找什么，就将它们一个个捧起来，送到母猪奶头跟前，它们便高兴地各含着一个奶头，小嘴巴往前一拱一拱地，吮吸起奶汁来。

这时候，老异、女常、女瑶都钻进了屋子。

农母一见女常和女瑶，想起了夜里留下的几块烤饼，在地上一找，还有一块，但是已经被母猪压得粉碎了，就吩咐女常她俩："再去弄点好吃的来，招待我们的客人吧！"

女常撇了撇嘴，正要说什么，可是女瑶笑着说："走吧，不要吝啬！"说着，推了推女常，两人拉扯着走了。

农母又吩咐老异，要他找几个人，想法子搭个大点的"屋子"，既要有遮阴躲雨的地方，又要有晒太阳的场所；既要让它们活动，又要让它们撞不出来。

老异站着没动，冲着农母嚷道："还搭什么'屋子'？宰了吃掉算了。"

"吃的肉还有的是！干吗宰它？"

"那就过两天宰——也用不着搭'屋子'。"

"我们把它们养起来，什么时候没有肉吃了就……"农母说了半截话，用右手做了个宰杀的手势作补充。

"有了弓箭，还怕没有肉吃？"

“这样吧，”农母和气地说，“你先去搭‘屋子’，以后养不养，待会儿我们开个会，合计合计。”

老异不得已走出屋子，拉着老刑、老还、小蟾走了。

讨论会

农母指挥着女常、女瑶喂完母猪，走出门一看，太阳已经升得老高了，便领着她俩去找老异。

她们在方屋子的另一边找到了老异他们。他们挖了一个方形大坑，挖出的泥土便堆在坑周围。整个坑差不多有方屋子一半那么大。北头，挖得有一只大母猪那么深，老刑领着老烈、小蜊在搭一个朝南敞开的篷子，小兔、小蛙她们也在帮忙。南头，挖得有两只大母猪那么深，老异领着老还、小蟾拿着石锄、石铲在修整，使整个坑从北到南成为一个缓慢向下的斜坡。

老异看见农母她们来了，便喊道：“农母，您看，这样行吗？”

“行，行！”

农母连连点头，连声称好，还向女常、女瑶她们解释说：“北边有一个篷，背风朝阳，可以避雨；前面有一块坪，猪儿有活动的地方；北高南低，雨水粪尿往南流，可以保持北边干燥。地方够大的，小猪长大了，也有足够的地方活动……”

女常撇了撇嘴说：“小猪长大了，都会跑掉。”

“不怕，”女瑶说，“将来在边上再堆一圈泥土。”

“对，”农母点点头说，“或者插上些树枝，用柳条编起来。”

农母一看猪圈基本完工了，便说：“现在大家休息一会儿，我们开个会吧。”

大家跟着农母，纷纷走进大方屋子。这是老头、老太太和孩子们的集体宿舍，也是全氏族的会议室。

屋子中央有一个火塘，因为天气还热，没有生火，只在火塘中的凹坑里，留下了火种。埋在灰烬里的木头在阴燃着，冒出一缕缕淡淡的白烟。

屋子里比室外阴凉得多，大家感到非常舒适，纷纷围着农母，找地方坐了下来。

农母见人都到齐了，便开口说：“现在讨论一下喂猪的问题，要不要喂？怎样喂？男人、女人、大人、小孩，谁都可以发表意见。”

老还、小蜊不知底细，互相看了一看，小蜊凑近老还的耳朵，悄悄地说：“咦，猪圈都快挖好了，怎么还讨论

‘要不要喂’?”

那边老异发言了。他说:“农母要喂,我也没意见,可是我不参加,因为我觉得没有必要。”

“那你怎么驯狗呢?”老刑问。

“驯狗有用啊,它帮我们打猎。可是你能带着大母猪去打猎吗?”老异说得大家都笑了。

“小猪长大了,可以吃肉呀!”小兔说。

“谁叫你多嘴?”女常瞪了小兔一眼说,“大人说话小孩听!”

“小孩也可以发言嘛!”农母说,“小兔说得对,小猪长大了可以吃它的肉!”

“吃肉?咱们不会打猎吗?”老异叫道,“有了弓箭,还怕没肉吃吗?”

“有一年哪,”一个叫谷母的老婆婆颤巍巍地说,“猎人们简直打不到什么野物,女人们也采不到多少东西,人都快要饿死了。要不是女娃发现河里鱼儿很多,领着大伙儿打了不少的鱼……”

“可是女娃不是淹死了吗?”女常插嘴道。

“是呀,”谷母点了点头说,“她一个人牺牲了,大伙儿得救了。”

最后,谷母下结论道:“猪养在圈里,就好比谷子藏在窖里,猎到野兽更好,猎不到,也不怕闹饥荒。”

谷母这一席话,很合农母的心意,多数人也都点头称是,叽叽喳喳,开起小会来,会场很活跃。老异也不便再说，于是农母就将它当作结论，同时对老异说：“男子汉当然还要去打猎。女人们多管点喂猪的事吧。”

女常一听，不乐意了，便嚷着说：“我们女人，又要种谷子，又要喂猪，忙得过来吗？谷子，我们自己吃还不够，还能拿来喂猪吗？”

“不怕，”坐在她旁边的女瑶说，“现在谷子已经收割了，每天我们出去采集的时候，每人多捎一把草回来不就得了。”

“哟，喂草？”女常嚷道，“农母还请它们吃谷子饼哩！”

“那是它刚生下小猪嘛，月子里得吃好点，以后可不能这样优待了。”女瑶说，“那年你刚生了小兔，不是也让你吃好的么？过后你不还是跟大家一样吃吗？”

女瑶的话，说得大家哄堂大笑起来。

“你胡说八道什么呀！”女常脸一红，在女瑶脊梁上死劲地打了一掌，女瑶扭了扭腰，咯咯地大笑起来。

女常赌气地说：“你说现在谷子收割了不忙，明年再种谷子呢？反正我不管喂猪的事，你要喂，你去喂！”

“我来喂，我来喂！”女瑶笑着说，“我们分分工。”

一场争论就此结束了。

农母看大家没有什么意见了，便布置了近日的工作：男人们能出去打猎的，明天还去打猎；女人们能出去采集的，明天去采集野果、块根，顺便带点猪草回来，剩下的人在村子里把谷子窖起来，把猪圈盖好，把猪送到猪圈里养起来。

方冰讲完了，小红第一个发言：“和《驯狗》比较起来，这个故事比较扣紧题目，整个谈的都是喂猪的事。”

“要不是前天你抬回一只受伤的母猪，今天方冰编起故事来，就不会这么方便了。”东火笑着说。

“那也没什么，那我就先抓回几只小猪来喂好了。”方冰坦然自若地说，“因为驯养野生动物一般都是捉幼崽。”

“猪所以比较早地被驯养成家畜，”小红问黄爷爷道，“大概是和狗一样，它在世界各地分布广，因而人们猎获得多、了解得也多的缘故吧？”

“是呀，”黄爷爷点点头说，“还因为猪是杂食动物，饲料比较好解决；它们生长又快，人们在短时期内就能得到好处啊！”

“驯狗、养猪，不像打猎，似乎没有多少斗争吧！”东火也提出了个问题。

“怎么没有？”小红一兴奋，又轻轻地甩了一下辫子，立刻反驳，“与自然的斗争似乎缓和些，但人与人思想上的斗争不是倒激烈了些吗？要不要喂？怎样喂？这也是眼前利益和长远利益的矛盾啊！”

“人们第一次挖猪圈，就会知道‘背风朝阳’等道理么？”东火又提出了第二个问题。

“人们虽然是第一次挖猪圈，可是他们已经盖过万把年房子了呀，他们的房子不也是背风朝阳的吗？”小红又作了回答。

织 布

天黑了，月亮还没有出来。黄爷爷对三个中学生说：“今天我们就在馆里找个地方讲故事吧！”

他们在博物馆里找了个地方坐了下来。在电灯光照耀下，可以看到陈列的半坡人的纺线、织布、缝衣的工具：石纺轮、陶纺轮、骨针等，墙上还挂了麻、丝等原料以及原始人纺纱、织布、缝衣的图片。

今天轮到黄爷爷讲织布的故事。等大家坐好，他就开始讲了起来。

男人也去采集

昨天下午，老异领着老还、老烈、小蟾等几个猎人修理武器。木矛、投枪、飞石索、弓箭都被收拾一新。特别是弓箭改用竹子做：弓做得很结实，弹力很大；箭做得又直又细又长又尖，头部不用绑石钻，尾部夹上了羽毛，据老异实验，这样射得更准、钻劲也更大些。

小蟾的弓箭又特别些，在弓弦中央装了一个小皮兜，用河边拾来的小圆石子代替箭——他上次看见小兔弹过的，试了试，挺顺手的。他还说：用弹子打鸟，皮毛不会损坏。

今天一早，红霞满天，老异高兴地说：“今天天气真好，我们可以走远一点了。”

农母听见，连忙说：“哟，你以为这是好天气么？从前的猎人看见这样的红霞是不出村的。你们可别走远了！”

老异不听，仍然兴冲冲地领着老还、老烈、小蟾等几个猎人，嗾着猎狗出发了。

老刑、小蜊伤病还没全好，老异让他俩留下了。

老异一行走后，女常、女瑶等年轻人也挎着篮子，拿着掘土棒出去，采集果子、块根和猪草去了。

小兔、小蛙不愿意跟女常去，便留在村里，跟着老刑、小蜊他们，在农母指挥下，窖好谷子，修好猪圈，又把那只母猪和五只小猪都搬进了猪圈里。农母还让老刑、小蜊把母猪的前腿也解放了。

母猪一早没吃东西，饿得直哼哼，在猪圈里直转悠，还到处拱着土，想找东西吃。可是女常、女瑶她们去采集的还没有回来。

老刑怕把母猪饿坏了，便对农母说：“我和小蜊到村子附近去采点草回来喂猪吧！”

站在旁边的小蛙拍手笑了，她还没见过青壮年男人去采集，便大惊小怪起来。

农母很懂得她的心理，便笑着对她说：“有什么好奇怪的，女人能做的事，男人也可以做嘛。”

小兔一听，挥舞着她的小弹弓说：“对，过几天我长大了，也去打猎。”一双圆溜溜的眼睛流露出天真的稚气。

“好呀！”农母抚摸着她的头说，“好丫头，有志气！可现在你们跟老刑、小蜊去采点草回来喂猪吧！”

于是，老刑、小蜊便各提了个荆条篮子，领着小兔、小蛙出村子采集去了。农母领着几个照看幼儿的老头儿、老婆婆，留在家里编起篮子来。

物各有用

当老刑、小蜊各挽着一大篮子草，领着小兔、小蛙一走进村子，就听见后面女瑶她们一片爽朗的笑声，回头一看，女常、女瑶一群年轻女人，正跨过木桥，跟着他们进村了。

老刑他们直奔猪圈，正准备把打的猪草倒进猪圈，可是跟在后面的女常阻止了他们。

“这是什么呀？”女常问，“这能吃么？”

“不是人吃的，”小蜊说，“是喂猪的。”

“喂猪也不行，猪不会吃。”

“试试看吧！”

女瑶将她们打的猪草，投进了猪圈。母猪立刻抢过来，贪婪地吃了起来。女瑶回过头，接过老刑、小蜊的篮子，将篮里的草统统倒在地上挑拣起来，同时说：“这是野芥菜，母猪怕那股味，不爱吃的，留给我们自己吃吧；这是野白菜，菜心留给自己吃，边叶喂猪吧！”说着，将野白菜边叶撕下来，丢进猪圈里。

忽然，女瑶抓起一把长着手掌形叶子的方形茎秆来，大笑着对老刑、小蜊说：“哟，怎么把大麻都采回来了，这能喂猪吗？”

提着野果、野菜篮子，正要走开的女常，一听笑声，回头看了看，撇了撇嘴，说：“嘻嘻，两个大男人，由两个小女娃娃带领着，还能采回什么好东西来！”

小蜊、小兔一听，噘着小嘴不吭气。

幸好这时农母走过来了，她拾起一根麻秆，安慰小兔说：“谁说不能吃，麻花就可以吃嘛！”

“可是这是麻子、麻秆哪！”女常放下篮子，讥讽地说，“麻子吃了，还不拉稀？麻秆，谁咬得动它？”

农母从麻秆上撕下一条长长的皮，说：“麻秆不能吃，可是麻皮有它的用处呀——就看你会不会用了。”

“有什么用呀？”女瑶连忙问，“您教教我们吧！”

说着，大家把农母围了起来。

农母一面不停地撕着麻皮，一面对大家说：“你们看这皮丝丝，多长呀，多结实呀！

“我听我妈说，从前人们曾经用这麻皮丝丝，搓成细

绳。它比草绳细，却结实得多，用来织成渔网，可以捕鱼哩!”

“可是，”小兔问道，“老还说，鱼是我们的守护神，救过我们的命，我们鱼族，是不让捕鱼的呀!”

“多嘴多舌的!”女常骂着，瞪了小兔一眼。

“是呀，”农母接着小兔的话说，“大概就是这个缘故吧！起先有人不吃鱼，是感谢鱼、尊敬鱼吧！接着就称它为守护神，自称鱼族了。最后约定不让捕鱼了。因此也就不用这麻皮搓绳做渔网了。”

“哟，这个风气可不怎么样，”女瑶说，“不做渔网捕鱼，还不能做个渔网披披，像树叶衣似的。”

老刑也说：“用这麻绳做弓弦，也许比皮筋弦好哩!”

“都可以试一试嘛。”农母点点头说，“我记得我们仓库里，还收着拈细麻绳的石纺轮哩，回头我去找找。”

接着，农母对老刑他们说：“你们索性多采集点麻秆来，放在东门的水池里沤着，过两天，晾干，我们来试验试验。”

“好，好！”不约而同地答应的有四个人：老刑、小蜊、小兔和小蛙。

织出了一片白云

这天，天阴沉沉的。

趁天还没有下雨，老刑他们赶紧出去了几趟，专门采集麻秆。

当他们最后一次，尽最大力气，抱回来几捆麻秆，走进方形屋子的时候，发现农母已经找出了几个圆饼形状、叫什么石纺轮的东西，领着几个老婆婆在忙碌着哩。她们左手举着一团撕得很细碎的麻皮丝，右手手指搓动着穿过石纺轮小孔的一根杆子，把麻皮丝拈紧、拉扯着。这样，便有一根细线从麻皮丝团里抽了出来，越抽越长，越抽越长，长得高举的左手不能再高举了，便将细线缠绕在那根杆子上。

那边屋角上，谷母教女瑶先将一根细木棍夹在两只大脚中间，一根细木棍绑在腰上，在两根细木棍之间，平行地、密密地牵着无数条麻线，再手拿一根缠着麻线的细木杆，像编篮子似的，在那无数条平行的麻线间一上一下地穿织着。

小蜊、小兔、小蛙分别参加到她们的工作中去：小蛙帮着撕麻皮，小兔学着纺麻线，小蜊用几根细麻线搓成了一根麻绳。他对老刑说："用这做弓弦，行吗？"

老刑学着农母的口头语说："试试看吧！"

他帮小蜊将这弦绑在一根竹片上，做成了一张弓。小蜊便拿着弓到外面试验射箭去了。

老刑想跟谷母学着织网，谷母笑道："粗手粗脚的，干得了这细活吗？"谷母说罢，走到农母那边纺线去了。老刑见谷母不肯收他这学生，只得拿起一捆荆条，照着女瑶的样编起来。

女常撕了一阵子麻皮，又纺了一会儿线，有点乏了，便起身跑去看女瑶织网。

“你这是织网么？织网是这么织么？网眼都没有，怎么捕鱼呀！”她大声叫嚷着。

坐在另一边纺线的农母，抬头看了一看，没有停止手上的工作，回答她说：“你管她呢，她也许想编个捞虾的网吧！”

“吃饱了没事干！”女常嘟囔着，自己觉得有些无聊，就在屋子中间的空地上练起舞蹈来。

老刑用荆条编成了个大盘儿。没有窝边，不像盆子；没有提梁，也不像篮子；可是中央安了个把手，他将左手伸进去，提了起来，上下左右挥舞着，这就是后代战士用的盾牌的祖先。

“看！”小兔喊了起来，“老刑编了个什么了！”

“这是干什么用的呀？”小蛙也跟着喊。

老刑想了想，说：“这呀，这叫‘干’。上次我被野猪戳了一下以后，就想做这么个玩意儿。”

说着他又从屋角里拿起一把带柄的石斧——他叫它作“戚”，一边舞着，一边说：“下次野猪要冲过来，我就用这‘干’这么一挡，用这‘戚’这么一砍，它伤害不了我，我倒要砍死它。”

小蜊拿着弓箭从外面进来了，一听这话，觉得有点意思，便站在老刑对面的屋角里，对他说：“说不定，它还能挡住箭哩！”

“射吧，对着我射来吧！”老刑喊道。

小蝌张开弓，正要射，谷母看见了，有点害怕，喝道："放下，放下！这可不是闹着玩的！"

小蝌箭在弦上，不得不发。但他听谷母一喊，没敢将弓开满，只开了一半，右手指一松对老刑射了一箭。老刑拿着"干"，只一拨，将箭拨开，掉在地上。

"好！"大家喝起彩来。

老刑得意了，拿起干和戚，一挡一砍地，跟在女常后面，舞蹈起来。

他勇猛刚强，和女常柔和优美的舞姿形成鲜明的对照。

女瑶在那边叫喊起来，她的"网"编成了，是一块像现在的毛巾这般大的、淡黄色的密"网"。她站起来，将"网"两端的细木棍抽掉，将那"网"送到农母和谷母跟前去看。

谷母说："这不是'网'，哪有这么密的网啊！你这是用来捕虾的么？"

女瑶说："我是想，天气热，我们穿树叶衣；天气冷，我们穿兽皮衣；现在不冷不热，将这个'布'在身上，不是挺合适么？"

她说急了，把披在身上的"披"，说成了"布"。

农母打趣地说："你这是一块'布'啊！"

说得全屋子的人都嘻嘻哈哈地笑开了。

女常被老刑追赶着，跳着碎步走过来了，她一手把"布"抢去，上下左右挥舞着。她一会儿将它遮在胸前，一会儿将它披在肩上，一会儿将它高高举起，转着圈儿。在阴暗下来的屋子里，那“布”像一片白云，在空中飘浮着。

她一边跳，一边还唱着：

女瑶手巧心又灵哪，
织出一片白呀云哪，
白云白云轻又软哪，
飘飘“布”上我的身哪……

大家看着她的舞蹈，有点着迷了，连老刑也停下来，呆呆地看着。忽然，门外冲进来几头猎狗，几个湿淋淋的青壮年，一人捧着一只小野猪。为头的是老异，他大声喊道：“什么云哟、雨哟，把我们都淋坏了。你们倒在家里跳舞，快活！给我们杀小猪吃吧！”

农母接过他捧着的小猪，抚摸着、细看着，它有两三个月大，身上的纵行条纹快褪尽了。农母爱不释手，便说：“别杀掉了，留着喂吧！还有鹿肉哩！今天少吃一块猪肉，明年就可以吃更多的猪肉哩！”

老异不说话了。

女常跑过去，将世界上第一块布披在老异肩上，可是他把手一抹，将那块布拂在地上，脸色显得有些不高兴……

黄爷爷讲完了，屋子里静下来，听得见屋外在淅淅沥沥地下着雨。

“无巧不成书，”东火笑着说，“故事里下雨，屋外也真的下起雨了。”

方冰右手抬了抬，说：“也许是因为屋外下雨，故事里才下雨吧。”

“对！”小红作证说，“今早东方一片红霞，我跟黄爷爷说，‘今天是不是去游大雁塔？’可他说，‘怕下雨哩！’”

“朝霞不出门，晚霞行千里嘛！”方冰解释道。

黄爷爷怕他们扯远了，连忙拉回来，说：“大家还是谈谈故事本身吧！”

“这个故事，”小红学着语文老师的口气，分析起来，“和《张弓》《驯狗》一样，都是从远处着笔，慢慢引到正题，一到正题，就很快打住了。”

“故事这样说，也许不合‘作文’的规矩，不过从整本故事说来，还是必要的。”东火替黄爷爷辩护，也是替自己辩护。他还说：“要不然，让女瑶一个人去织布好了，可是不织布的人干什么呢？所以故事先把打猎的、采集的打发走，然后让老刑、小蜊去采集，采回了女瑶她们以为无用的麻秆，再由农母说出物各有用的道理。最后，纺线、织布了，却让小蜊张弓，老刑编‘干’，女常跳舞，各得其所，又都配合，衬托了主题。”

方冰似乎对“文章作法”不大感兴趣，便谈起了发明织布的意义。他说：“我们今天能穿着漂亮的衣服，追根寻源，还得感谢这些女祖先哪。不过，像女瑶开始甚至不了解麻的用途，怎么一下子织出了布来，她是偶然织成的吗?”

“不能这样说,”小红差点又要甩辫子了,她说,“女瑶不是作为单独一个人存在的。农母等老一辈人对撕麻、纺线、织网、编篮是熟悉的。女瑶是编篮能手,这次又得谷母指导,她在织布之先,是想织出一块披在身上的‘网’。总之,成功不是偶然的,胜利不是侥幸的。”

小红说完了,东火提出了另一个问题:“从石纺轮、陶纺轮,我们知道那时候的人会纺线。从骨针,知道他们会缝衣。什么衣?可以是布衣,但也可以是兽皮衣呀!怎么知道他们织了布呢?布能保存下来么?”

“咦,你看!”方冰从容地站起来,领着大家走到陈列柜前,指着柜里的陈列品说,“在陕西华县、西安和河南三门峡等地方,不是都发现了六七千年前陶器和泥块上的布纹么?”

制 陶

天,阴沉沉的。因为怕下雨,故事会仍然在博物馆里举行。又因为今天晚上要讲陶器发明的故事,所以白天大家参观了村东的陶窑。现在大家集合在陈列陶器的一个角落里,再次参观着陈列柜里摆着的各种各样被发掘出来的陶器和壁上挂着的有关制陶的各种图片。

讲故事的是小红。她仍然同上次一样,缠住黄爷爷一起准备了一整天。因为有了上次讲故事的经验,所以神情没有上次那么紧张，开头也没有用什么“开场白”，等大家一坐好，就开门见山地讲了起来。

竹篮打水

天，阴沉沉的。

老异的脸也是阴沉沉的。昨晚他要杀小猪吃，农母不让，要留着喂，只给他们吃冷鹿肉，他不高兴。

今天一早，他便带着老还、老烈、小蟾等几个猎人，嗾着猎狗，出去打猎了。临走的时候，老异还愤愤地说：“我们打来的小猪，却不让我们吃！今天猎了野物，我们都在外面吃掉。”

老刑身体不舒服，他没有跟老异去，躺在方屋屋角里休息。小蜊已经好了，原想去打猎的，可是农母要他留下来，看护老刑。

女常的脸也是阴沉沉的。昨晚老异说她在家里跳舞、快活，她同老异吵了几句嘴，不高兴。这时候她骂道：“我从早累到晚，腰酸腿疼，他不但不领情，还说我快活……”女瑶等几个女人劝慰着、拉扯着她，一起出去采集去了。

农母在喂猪。她弄来一段中心被掏空了的朽木头，将它横放在猪圈里，想作为水槽。

昨天抓来的小野猪，比原先的小猪大点，身上的纵行条纹已经快要褪尽了，一见农母把水槽放进猪圈，便抢了上来，要水喝。

农母叫来小兔、小蛙等几个孩子，要他们去打水。他们一听，立刻一窝蜂似的，跑到一个小圆屋里抢皮口袋。小蛙走慢一步，没有抢着，便拎了个竹篮子跟着他们。

小兔和几个孩子从河边打回了水，递给农母，让她倒进水槽里。回头一看，只见小蛙拎着个湿淋淋的空竹篮子，哭着回来了。

农母连忙问：“怎么啦？”

小蛙哭得更伤心了，说不出话来。

小兔代她说：“她没有皮口袋，只好用竹篮打水，可是水都跑了。”

农母安慰着小蛙，同时对大伙儿说：“谁把皮口袋给她，再去打一次水？”

小兔爽快地将手中的皮口袋给了她，还领着大伙儿又到河边打水去了。

农母追着他们喊：“猪圈的水够了，打了水倒到方屋子里的石臼里去！”

当小兔领着几个小朋友提着水，走进方屋子里的时候，只见农母、谷母等几个老婆婆，还有几个老头儿，正围着火塘边烤火。女人们有的抱着小婴儿，同时撕着麻皮，有的正忙着纺线，还有的在试着织布。只听他们笑着在谈什么“竹篮打水——一场空”之类的话。

躺在屋角的老刑，一见孩子们打来了水，便嚷着“水、水！”小蜊连忙从小蛙手里接过皮口袋给老刑递了过去，老刑的手瑟瑟发抖，捧着皮口袋喝着水，一个不

小心，倒了满身。

农母走过去，将口袋接了过来，顺便在老刑头上摸了一下，有点烫手，便说：“我给你煮点草药汤喝吧！”

农母让孩子们把水倒在火旁一个石臼里，放上一把草药，又用两根树枝从火堆里夹起一块块烧红的小石头，丢在石臼里。石臼里的水立刻溅着水花儿，嗞嗞地响着。农母喃喃念叨着：“篮子能盛谷子盛不了水，皮袋能盛水又软不拉儿的，狼头壳勺子都能盛，就是盛不多，石臼都能盛，就是太重。它们都不能搁在火上烧。篮子、皮袋，一烧就坏。”

谷母听了，答话道：“我们的草屋顶，敷上泥，就不漏雨。所以，从前有人将泥巴敷在篮子上，也能盛水，就是水有点发浑。”

一个老头说：“先将它晒干呀，这样要好一点！”

坐在他们身边、撕着麻皮的小兔，一直在用心地听着农母他们的谈话，一听到这里，心中一动，她向小蛙打了个暗号，便拎了只竹篮子，悄悄地溜出了方屋。

烤泥篮

小兔拎着篮子，走到屋子外面，回过头来对跟出来的小蛙说：“都听见了吗？”

小蛙问：“听见什么呀？”

“将篮子涂上泥，盛水呀！”

“不是说，水发浑吗？”

“晒干呀！”

“今儿个哪有太阳？”小蛙抬头望了望阴沉沉的天说。

小兔也抬头望了望阴沉沉的天，想了想说：“我们不会放在火上烤吗？干得更快些。”

“对！”小蛙一听，拍手叫好，说，“那，敷泥吧！”说着，弯下腰，就想动手。

小兔心细，说：“我们先看看哪儿的土好。”于是，一手拎着篮子，一手牵着小蛙，走出村去。

村北边是坟地，大人不让去的。南边是河岸，沙子太多。西边是粟田，半沙半黏。只有村东边的土，又细又黏。

昨晚下了雨，地上湿漉漉的，脚踏上去就往下陷。可是她们不怕，偏找了个小水洼儿和起泥来，和得黏黏糊糊的，不太干，也不太稀。

小兔抓起一把泥，就往篮子上敷。小蛙立刻学样，将一把一把的泥，往篮子上涂。小兔又用小手轻轻地摩平，摩成匀匀的、薄薄的一层。

篮子变重了，两个人将它提了起来。

她们先去河边洗干净了手脚，就一起提着篮子，往村里走。

“到哪儿去烤呢？”走到村口，小蛙提出了问题。是呀！方屋子里倒是生着火，可是农母、谷母她们都在那儿，也许不让烤。广场中心火塘里的火种，不知道熄了没有？

她们提着泥篮子，不知不觉走到了广场中心的火塘前。她们放下泥篮子，就挖火塘里的火种，可是一点火星也没有了。

她俩痴痴地站在火塘前，正在无计可施的时候，忽见小蜊从方屋里走了出来。小兔连忙叫住他。

“干什么?”小蜊问。

小兔等他走到跟前，轻轻地问他:“你带了打火石吗?”

“烧什么吃?”

“不是!”小兔指了指那个泥篮子，小蜊便全明白了。他倒挺热心的，说:“要什么火石?我到屋里去取个火来就是。”

小兔一把抓住他说:“别让农母知道了!”

“怕什么——我有办法!”说着，就往方屋子里走。

小兔和小蛙连忙准备柴火。方屋外面堆了一大堆剥了麻皮的大麻秆，她们一起抬来了几大捆。

小蜊不知玩的什么花招，从方屋里偷来了火种，立刻帮她们把火烧起来，烧得旺旺的。接着又摆好了三块大鹅卵石，摆成一个品字形，将泥篮子搁在上面。

“快烧、快烧!”小兔轻轻喊着。

“你要烧得快，就别忘记添柴!”小蜊说完，听老刑在叫唤，便匆匆回方屋子忙他的事去了。

小兔和小蛙，面对面蹲在火堆前，不断添柴烧火。血红的火焰在泥篮子上晃来晃去，湿泥巴渐渐干了。

淘气和陶器

小兔和小蛙正在专心致志地烤着泥篮子，忽听见一阵嘻嘻哈哈声，夹着女常尖厉的叫骂声。一群女人提着一篮篮的松子、栗子，还有野菜、块根，走进了村子。

小兔吓了一跳，凑巧小蛙正塞进一大把大麻秆，那火焰腾起来，把个泥篮子烧得通红通红。她便连忙把柴火全抽出来，丢在一旁踩灭。

小兔正准备拉着小蛙躲起来，忽听女常在喊：“小兔哇，你在那儿淘什么气呀！叫你去采果子，你说要撕麻，如今又不撕麻，却在这里偷偷地烧东西吃。”

小兔知道女常已经看见她们了，自己也并没有“淘什么气”，反倒不怕了，也就索性不走了——其实小兔也并不太害怕她妈，只怕她不讲道理，瞎嚷嚷，念叨个没完没了。

女常、女瑶等一群女人全走过来了，围着火堆察看着。

女常看清楚了，大叫起来：“啊呀，这不是我编的竹篮吗？你这淘气鬼，怎么涂上这么多泥，都烧坏了。”说着，伸手去提篮子。那篮子的提梁早已焦枯，一提起来，立刻就断，整个泥篮掉在地上，发出了清脆的响声，摔成两半。

“啊呀，我的篮子，我的篮子呀！”女常大喊大叫起来，跑过去就要揪小兔。小兔一转身，撞着一个人，抬头一看，是农母出来了。她便迅即躲在农母后面。

农母肩上披着女瑶织出的那块麻布，手里拄了根用枯藤做成的拐杖，走过来了。她拦住女常说：“吵什么呀？”

“您看，我的篮子，烧成什么样了？两个淘气鬼！”女常怒气冲冲地说。

农母弯腰去捡那破篮子，还有点烫手。她便放下拐杖，从女瑶篮子里扯下几片野菜叶，垫着手，重新拿起一片破泥块。泥块烧成了淡红色，用指头敲敲，发出当当的响声。她对女瑶说：“去舀勺水来！”

女瑶立刻从方屋里，用狼头壳舀来了一勺水，递给农母。

大家都围着农母，惊奇地看着。连谷母、老刑、小蜊等，也都跑出来看热闹。

农母将半个泥篮仰放在地上，搁平，将一勺水倒了进去，扶着半个泥篮边，轻轻晃荡着，只见那里面的水也跟着晃荡。她放下狼头壳，两手将那半个泥篮捧着，站起来，举过头顶看看泥篮底，篮底是干干的，一滴水也没有渗过去。

农母的两只老花眼里射出了欣喜的光芒，眼旁的鱼尾纹显得又长又细。她兴奋得似乎要流泪了，声音有些发颤地念叨：“太好了，太好了，我找了你一辈子，今天才找着。”她将泥篮块捧给谷母看，捧给老刑看，捧给女瑶看，捧给小兔、小蛙看。

她对小兔、小蛙说：“干得好！干得好！你们发明了个新东西，这比起狼头壳、皮口袋、大石臼来有更多的用处。”

她又问小兔和小蛙：“你们这是从村东掏的泥土制的吧？”

“是！”小兔和小蛙一齐快乐地回答。

农母高声说：“这不是淘气，这是——我要起个新名儿：陶器！因为这是从村东掏来土制成的器具。”

“这名儿好！”谷母点头称赞，“以前我们有石器、木器、骨器、角器，如今又有了陶器了。”

当农母把那块破陶器捧给女常看的时候，女常惭愧地低下了头。农母意味深长地说：“不用难过。娃娃们最少保守思想，有时我们大人还得向他们学哩！再说，新东西一出来，也并不是立刻被所有人赞赏的。昨天你将女瑶织的那块布披在老异肩上的时候，他不是将它拂在地上么？可是今天我越想越觉着那东西好处大，刚才我就试着将它‘布’在肩上了。”

在这庄重的时刻，农母还没有忘记用上这逗笑的“布”字，说得大家都高兴地笑了，连女常也感到轻松了。

农母号召大家：“愿学纺线、织布的，跟女常、女瑶去；愿学做陶器的，跟——小兔、小蛙去做陶器！”

“可是，”女常忽然想出了个问题，就说，“做一件陶器，就得毁掉个篮子，太费工了吧！”

“不用，”老刑一高兴，忘记在生病，他走出人群，对农母说，“我有法子。我们从小玩泥巴，喜欢做泥饼子，将泥饼子窝起来一烧，不就可以盛水么？”

跟在老刑后面的小蜊也说：“我也有个法子，我们玩泥巴，喜欢搓‘泥蛇’，将‘泥蛇’盘起来，窝起来一烧，不也成了‘陶器’么？”

“好呀，你俩都跟小兔、小蛙去做陶器！”农母说完，又对老刑说，“不过，你身体行吗？”

“行，吃了您的药，听了您的话，什么病早好了。”老刑说完，颠着脚跟小兔、小蛙、小蜊一道走了。

故事讲完了，小红主动征求大家的意见。

“比上次有进步！”东火抢着议论，“第一节，讲陶器发明前盛东西，特别是盛水的不便利；第二节，讲陶器发明的过程；第三节，讲陶器发明后的喜悦，也可以说是一曲陶器发明的颂歌……”

东火正说得热火，方冰冷不丁地问道：“小兔、小蛙多大啦？”

“小兔十二三岁吧，小蛙十岁左右吧！”东火估摸着说，同时看了看黄爷爷和小红。

“差不多！”黄爷爷和小红同时点了点头，看着方冰，他们知道他还有问题。

“十来岁的毛丫头，能作出这么伟大的贡献么？偶然性太大了吧！”方冰冷冷地问。

“为什么不能？”小红不觉又甩了甩辫子说，“有志不在年高，无志空长百岁嘛！”

“像上次女瑶发明织布一样，”东火帮着争辩说，“形式上，这是通过个别人实现的，实际上，代表着一个时代的一群人。而且，这次小红交代得很清楚，小兔一直在用心地听着农母他们的谈话，总结了前人经验，才烧出了那么片‘泥块’的。也就是说，必然性是通过偶然性来实现的。”

“还有一个问题，”方冰又问，“上次说的谷子、布，这次说的陶器的命名，也很不科学吧？”

“咳，书呆子！”小红又气又笑地说，“这是讲故事呀，事实上，当然不会从‘淘气’就命名为‘陶器’的。”

最后，东火也提出了个问题，他说：“平常听说陶器发明的意义如何如何伟大，其实不就是盛谷子、盛水吗？”

“这就很了不起呀！”小红喊道，“陶缸、陶罐盛谷子，可以防潮。盖起来，老鼠也咬不着。陶盆、陶钵盛水等液体，漏不出去，还可以煮吃的。人们吃到很有味的火锅，有利于消化，对人类体质进步，有很大好处。”

“听讲解员阿姨说，”方冰也插话道，“早期的陶器多半由妇女手制，这对提高妇女经济地位很起了些作用；以后，人们在陶器上画各种纹饰、图案，促进了工艺美术乃至文字、几何学的发展；考古学家特别重视陶器的鉴定，说可以确定文化时代哩！”

黄爷爷一直在拈须微笑地听着。他听大家说完了，便补充说：“陶器发明意义重大，还因为在这之前，人们制造的石器、骨器，乃至木器、角器等，只是改变了材料的形状，却没有改变材料本身的性质。可是烧制陶器却不同了，原来的黏土起了化学变化，变成了一种新的物质——陶——了。”

画 符

天黑沉沉的，而且起了点风，有点凉意，故事会当然还得在博物馆里举行。

今天是东火讲文字的起源。黄爷爷、方冰和小红正在指指点点，议论着那幅“半坡出土彩陶上的刻画符号图”。东火催着他们说：“看了多少遍哪，还没看够哇！快来听我讲故事吧！”

大家笑了，连忙走过来，在东火摆好的几张椅子上坐了下来，听他讲故事。

迎接猎人

这几天，女常等几个女人，跟着女瑶学织布，织了一块又一块。每个人都可以披上一两块了。它跟现在的麻布袋粗细差不多，可是大家披着，感到又舒适，又漂亮。女瑶还用骨针，将两块布缝起来，做成一件件麻布背心，送给农母、谷母她们穿。

在村东边，老刑、小蜊领着一群女孩，跟着小兔、小蛙在做陶坯、烧陶器，更是忙得不亦乐乎。他们经过反复试制、试烧，逐渐掌握了土性、火候。他们发现：细黏土做碗、碟合适；而在黏土里掺点沙子，做砂锅挺合适，耐火力强，烧起来不裂缝，但火要烧得很旺、很热，烧出的陶器才结实。这样，他们的陶器烧制得愈来愈好了，花样也越来越多了。

他们烧出了一批碗、碟，每个人都可以分得一两只了。他们还烧出了几口陶缸和几只砂锅。几口陶缸盛满水，全氏族喝一天都喝不完。用砂锅煮野菜，放进一些肉片，味道鲜美极了。

他们还烧制出了一些小玩意儿：陶刀、陶镰、陶哨、陶弹丸、陶纺轮等。

当小兔和小蛙将陶纺轮送给农母的时候，农母一掂，比石纺轮轻便得多，甭提多高兴了。她张着留牙不多的嘴，笑得合不拢来。

总之，他们这几天在创造性的劳动中愉快地生活着，每天都像开庆祝会似的。

可是，老异、老还、老烈、小蟾他们去打猎的还没有回来。

这天晚上，人们坐在方屋子里的火塘边，吃着很有味的火锅，不知谁提到老异他们，大家七嘴八舌地议论开来。

女瑶说：“老异那晚没有吃到烤小猪，不高兴，不想回来了。”

“不回来才好哩！”女常嘟囔着，“那晚我将第一块布送给他，他不领情，还骂我‘跳舞’‘快活’！”

老刑担心地说：“可别是出了事，遇着虎豹了？都病倒了？”

老刑的话，说得大家都沉默了，女常甚至偷偷啜泣起来。

农母连忙说：“别瞎胡猜了——明天派人轮流到村头去瞧瞧。”

第二天下午，密云不雨，西风吹来，颇有几分凉意。在村西头大树上瞭望的女瑶，气喘吁吁地一面往回跑，一面大声喊道：“回来了，都回来了！”

大家立刻放下手里的活，争先恐后，到村外去迎接。织布的每人捧着一块麻布，制陶的每人端着一碗热气腾腾的杂烩菜。

老异、老还、老烈、小蟾他们全回来了，一个也不少，只是风尘仆仆，疲惫不堪，步子零零乱乱的，队伍稀稀拉拉的。打的猎物不多，只有几只小兔子、小獐子，还有一只样子像小狗、爱吃竹根的竹鼠。

走在前头的老异、小蟾，一看大家来迎接，各人身上都披着块什么，有些人手上还捧着个什么，感到有些诧异。

站在欢迎队伍前头的农母和谷母，从别人手里接过一块块麻布，披到他们肩上，接过一碗碗杂烩菜，送到他们手里，同时不停地说：“辛苦了，辛苦了！”

老异看了看肩上的麻布，似曾相识，再看看手上的陶

碗，却从未见过面，知道一定又是什么新发明，回头再看看伙伴们带回的不多的猎物，不觉惭愧地低下了头。他叫了一声农母，又叫了一声谷母，深情地叹了一口气说：“差点见不到你们了。要不是小蜊，我们都回不来了。”

农母回头看了看小蜊，小蜊不是没有去打猎吗？怎么说多亏了小蜊呢？她想：要不是老异说错了，一定是自己听错了。其他迎接的人，也都大惑不解，眼光在老异和小蜊脸上转来转去，希望猜出这个谜儿。

只见老还走了过来，拉住了小蜊的手，不停地摇晃着，说：“多亏了你，多亏了你，不然我们都回不来了！”

没有听错。农母她们更加迷惑不解了。只有老刑和小蜊自己，猜出了几分。

森林迷路

全氏族的人，都聚集在方屋子里。

农母看着老异、老还、老烈、小蟾等猎人，舒适地坐在火塘边，开怀地吃着烤饼、烤肉，特别是满意地端着陶碗，吃着杂烩菜，便向他们介绍这几天的发明、创造，讲着这些东西的好处，还当着全氏族的面，表扬了女瑶、小兔她们。

老异惭愧地说：“这次猎物太少了，不如你们贡献多，以后我们猎人也得兼着干点什么——我来学喂猪吧！”

老烈也说：“我老早就想把那些野芥菜、野白菜种在村子里哩。”

“好呀！”农母、谷母连忙表示赞同，又安慰他们说，“打猎嘛，收获多少没准儿，可你们已经费了最大的劲儿了。”

最后，农母憋不住，提出了那个大家都疑惑不解的问题：“你们这次碰见什么了？怎么说多亏了小蛃，你们才回来了呢？”

这时候，小蟾已经吃饱了，他抹了抹嘴巴，开始给大家讲述这几天出猎的情况：

在大草原上奔波了两天，什么野兽也没有打到。鹿群呀，羊群呀，都不知道跑到哪儿去了。

前天正午，一只野猪把我们引进了树林里，又从稀疏的树林子里，引进了密密的大森林里。

追呀，追呀！在一棵大松树下，野猪在猎狗和我们的围攻下被打死了——可是我们却迷路了。

转了半天，转不出去，仍然回到大松树下。我们只得将野猪烤着吃了，睡觉。

昨天一早，又寻路出来，可是怎么也走不出大森林。

老异说：“我们一直向前走，总可以走出去的。”

于是大家领着猎狗，跟着老异走，一直向前，谁也没有转弯！沿途倒是打过一两只小松鼠什么的，可是，大方向并没有改变。

天阴沉沉的，森林里日子更短。看着天又暗下去了。走在前面的老异忽然叫喊起来了：“见鬼，这不是那棵大松树吗？这底下不是我们烤野猪肉的地方吗？怎么走了一天，又回到了这个鬼地方呢？”

大家又朝前走了一阵，仍然没有走出森林，没有办法，只得将松鼠什么的胡乱烤吃了，睡觉。

今天一早，我起来转过一个弯儿，忽然看见一棵树上，刮去了一块树皮，用石刀刻了个记号……

小蟾说到这里，拿起一块石刀，在地上画了一道——“｜”。接着说：

“我忽然如梦初醒，恍然大悟了。

“这不是小蜊画的么？这地方我们不是来过么？

“原来，以前，小蜊跟我们出去打猎，每到一个新地方，他总要在树上剥去一块树皮，刻上这么一道印记。如果是第二次去，就在原来的记号旁，再刻上一道。”

小蟾用石刀，在前一道印记旁，又画上一道，成了一个“‖”字。接着说：

“有时候，追赶野兽，他跑在前面，我落在后头了，他也要在树上或地上，画上一个‘矛头’，告诉我往哪边走。”

小蟾说到这里，又拿起石块，在地上画了一个“矛头”——“↑”。

“我连忙去告诉老异、老还，‘那边有小蜊画的一道印记哩！’老异、老还跑去看了。是的，那地方我们以前到过的。大家仔细辨认着，最后，决定向明亮的一边前进。小狼它们冲在前面，走不多远，小狼‘汪汪’地叫起来，报告我们：出了密林了。我们透过疏林，也看见了前面的大草原。

“就这样，我们终于找到了回家的路。”

大家听完了小蟾的故事，这才明白为什么说“多亏了小蜊”的道理。

农母听了，很感兴趣，对小蜊说：“你做得好哇！还画过些什么符号？把它们都记下来！再搜集一下，别的人还画过些什么符号，也都记下来，教给大家！教给我们的后代！”

文字的萌芽

在老异、小蟾等猎人的帮助下，在村东头搭起了一个凉棚。小兔、小蛙带着几个女孩子在制作陶坯，陶坯放在棚子里，不怕下雨淋坏。

在老刑的指导下，棚子外面地上挖个烧木柴的坑，上面是放陶坯的窑箅，陶坯放好后，再用草泥筑成圆顶的窑室。老刑说，这样，一次可以烧好多件陶器，还好掌握火候。

这天，小蜊将一批陶碗坯送到窑前，老刑接过，装进窑里。

老刑顺便问小蜊："农母让你搜集的符号，整理出来了吗？"

小蜊说："有这么一些了！"说着，从怀里掏出一块刻了十来个符号的木牌，送给老刑看。

老刑看了，说："你准备怎样教给大家呢？"

"拿着牌子，一个人一个人地教吧！"

"唔，不好，最好是每人有一套。"老刑忽然想起了一件事，他从窑里拿出一只钵子，那钵子口外涂着一条黑色宽带。他对小蜊说："我找到一种黑泥，涂在这钵子上挺好看的。你用这黑泥把这些符号画在钵子上面，将来每人一只钵盂，每次吃东西就可以学一遍。"

"好呀！"小蜊高兴起来，接过钵盂说，"都给我吧！"

老刑从窑里拿出一批同样的钵盂，和小蜊一起，送到棚子里。

"你的黑泥呢？"小蜊问。

"呀，都用完了！"老刑从棚角里拿起一只碗说，"我再去弄点来吧！"说着，走了。

小蜊拿起一只钵盂，看着那钵口边的黑色宽带，还没干哩。便拿起一根竹枝，在黑带上面画着。黑泥画去，现出淡的底色，符号便很清楚了。他想：这样不也行吗？于是将十几个符号，都画了上去。画完一只钵盂，又画一只。

“你这是干什么呀？”有人在小蜊的背上轻轻击了一掌，问道。

专心致志画着的小蜊，不觉一惊。回头一看，原来是小兔、小蛙，站在后面看。

“画符呀！”小蜊答道。

“你不会画只小鹿，画只野猪，或一条鱼什么的吗？”小兔说。

“对，画条鱼吧，我们是鱼族呀！”小蛙说。

“对，把它们都画下来，让孩子们认识认识！”一个粗大嗓门说。

小蜊一看，说话的原来是老刑。他捧着一碗调好的黑泥浆，站在后面。

“用什么画呀？”小蜊高兴地接过盛黑泥浆的碗放在身边地上。

小蜊拿起竹枝蘸点黑泥浆画着，竹枝太硬，黑泥涂不上去。

老刑给他一块带毛的兔子皮，说：“刚才我就是用这个涂黑宽带的。”可是，小蜊一试，太软，不称手，也太粗，在钵上涂成了一片黑。小兔、小蛙也参加试验。最后，他们试着用细麻线将一撮兔子毛缠在一根竹枝的尖端，用这玩意儿蘸上黑泥浆画画，有硬有软，非常称手。画出的线条，可粗可细，煞是好看。

小蝌用这玩意儿在钵盂上画出了一只伫立远望的小山羊，小兔用它在一只钵盂上画了一支结穗的谷子，老刑画出了一条头大带须的鲤鱼，小蛙画了一只阔身四足的青蛙。

这玩意儿就是毛笔，这是世界上第一支毛笔。

东火说完了。大家都在体味着，没有说话。

东火推着方冰说："有话就讲吧！"

方冰没有扶眼镜，笑笑说："比上次说《驯狗》有进步，上次是离题万里，这次只离题千里了；上次是头两节离题，这次只第一节离题了。"

东火不禁又争辩道："你不是说要互相照应吗？我得把上两个故事结束一下呀！"

"也不算太离题，"小红没有甩辫子，说，"第一节提出了个'多亏了小蝌'的问题，造成悬念，为第二节'森林迷路'作个引子。第二节就正式画起符号来了。"

"好吧，"方冰又提出了另一个问题，"以前说文字是四只眼睛的仓颉造的，我们现在都知道这是夸大个人的作用，是英雄史观。现在可好，仓颉造字换成了个小蜊造字了。”

方冰这个问题，可将了东火一军。东火虽然性急，也不免愣了一阵，最后问东答西地说：“这么说，上次他们说的女瑶织布、小兔制陶都成了唯心主义了么？”

小红本想骂句“书呆子，这是讲故事”，但她知道老说这一套，方冰也不怕了，便仔细地考虑了一番，才辩解道：“我想，事情总得有个头呀，开始总是某些民族少数人搞起来的，但是不完善，以后经过很多人，逐渐补充、修改、搜集、推广，才逐渐完善起来了。”

东火一听小红给他帮腔，也就得了理了。他忙说：“是的嘛！拿文字起源来说，我们去年就讲过结绳记事。现在的画符，也不是小蜊一个人的事。语言和文字，都是交流思想的工具。有说的，就得有听的，有画的，就得有看的，而且还得听懂、看懂。在故事里，小蜊画，小蟾看得懂，也会画；老刑他们平常也注意了这事，农母还嘱咐小蜊搜集别的人画过的符号，可见我并没有说这些符号都是小蜊一个人造的。”

东火解释完了，方冰也就没有什么意见了。可是小红又想出了一个问题。她问东火道：“以前说毛笔是秦代蒙恬造的，那是2000多年前的事了。后来又有人说，周朝人开始用毛笔在竹帛上写，也不过是在3000年前。今天你把这发明提前到六七千年前，是不是太早了？”

因为小红用的是商量的口气，所以东火这次没有瞪眼，并且他事先请教过博物馆的讲解员阿姨，也同黄爷爷研究过，所以胸有成竹地说："我国古代有'契木为文'的话，'契'就是用刀子刻画。至于毛笔，虽然在新石器时代遗址里没有能保存下来，但是考古学家从彩陶花纹笔触特点来看，认为很可能是用毛笔画的哩！"

十 易 物

按预定计划，《画符》以后是《计数》，再下去才是《易物》《斗械》。今天本该方冰说计数的故事了，可是他说他还没有准备好，而且，他认为原始社会人们有了交换关系以后，会促进计数的发展，所以先讲《易物》再讲《计数》更好些。

大家觉得他说得有道理，所以今天晚上，大家便在院子里、在满天星斗下坐下来，由黄爷爷先讲交换的故事。

鸟族来客

一天正午，农母她们正在方屋子里纺线、织布，忽然听得外面猎狗"汪汪"地叫了起来。

农母说："发生什么事了？谁去看看！"

正在织布的女瑶，立刻放下手中的梭子，解开腰间的细木棍，站起来，一阵风似的跑出了屋子。还不到撕下一片麻皮的时间，她又一阵风似的跑了进来说："来了一位客人。”

农母站起来，拄着拐杖，迎了出去。女瑶，还有女常等几个年轻女人也立刻放下手里的活，迎了出去。

一个陌生的干瘦男人，腰间系着一条兽皮裙，脖子上挂着一串骨珠项链，手拿一把短柄石斧，已经走过木桥，进到村里。他用斧子威吓着咆哮的猎狗，走到了方屋子前面。

他一见农母她们出来了，立刻放下石斧，弯弯腰，双手打开向前一伸，表示他手中已没有任何武器，不会给她们带来任何危害。

农母问道：“你打哪儿来的呀？”

客人说：“我是东边鸟族的老柔，打猎迷了路，伙伴都失散了，看见这里有个村落，特来讨点吃的。”

农母点了点头，将身子一转，伸出左手向后一摆，意思是欢迎他进屋里去坐。

老柔低着头，沿着斜坡式门道走进了大方屋，农母让他坐在火塘边。女瑶立刻从火塘边青石板上，拿起两块烤好的谷子饼，送到他手里。女常拿起一只陶碗，从火塘上的陶盆里，舀了一碗杂烩菜汤，摆在他跟前。

老柔两三口吃完了一块烤饼。待到那碗杂烩菜汤摆在他跟前，他立刻将另一块烤饼搁在怀里，捧起陶碗来，且不吃喝，只是将那碗转过来、掉过去地端详着。他终于提出了问题：“这，这是什么呀？”

“这是——陶碗呀，那是陶盆呀！”女瑶嘴快，指了指陶盆，骄傲地回答，“你看这东西好吗？”

“好，太好了！”老柔不停地赞叹着，开始喝起杂烩菜汤来。鲜美的菜汤，又使他啧啧称赞不已，很快地就将菜汤喝光了。

女瑶高兴地又给他添了一碗菜汤，还送给他两块烤饼。

客人吃完了四块烤饼，喝完了两碗菜汤，觉得很饱了，便抬起头来，注意着女人们身上披着的麻布，不免又提出了问题：“这是什么呀？”

“这是麻布呀！”女瑶高兴地说，又指了指农母、谷母等老一辈人穿着的背心说：“那是麻布缝成的衣服呀！”接着，她又拿出一块新织的麻布来送到他手上。

这麻布又引起了老柔的一阵赞叹：“了不起呀，了不起！你们真是能干呀，做出了这么好的东西。可我们，只会捕鱼打猎，羊儿倒喂得不少，可是哪有你们这么多发明创造呀！”

“你倒是个识货的。其实呀，每个氏族都有它的长处嘛！”农母谦逊地说。

“发明多了也不好，人手不够，忙不过来呀！”女常也发言了，“你那串骨项链就不错呀，可以看看吗？”

“可以，可以！”老柔连忙从脖子上取下那串项链，双手拿着，送到女常手里。

女常接过那串项链，仔细赏玩着。项链是由数不清颗数的骨珠穿成的。每颗骨珠比眼珠儿还小，边上磨得光光的，两边磨得平平的，中间钻个圆孔，用细线穿起来。每隔一些骨珠，还点缀上一颗绿松石或碧玉磨制成的珠子，非常漂亮。

老柔一看女常很欣赏骨珠，便说：“如果你不嫌弃的话，就送给你吧！”

“哟，哪能要你这么贵重的东西呢！”女常虽然这么说，可是双手不停地摆弄着骨珠项链，舍不得送还老柔。

“如果可以的话，”老柔转向农母和女瑶她们说，“我想将这只陶碗和这块麻布带回去，给我们氏族的人见识见识。”

“没问题，”农母说，“就送给你好了。”

农母和女常、女瑶等商量了一下，拿出了“一手”——五块布，“一手”陶碗，还有两个陶盆，送给了老柔。

老柔一一接过，口中不住地说：“这真是极少有的好意，这实在令人感激。”

农母说：“你不要这么感激，这算不了什么。”

女常和女瑶帮着他，将陶碗、陶盆用麻布包起来，捆起来，结成一个包袱。这个包袱可以斜挎在肩上，背在背上。

老柔千恩万谢，走出方屋，拾起石斧，告别出来送行的农母、谷母、女常、女瑶她们，朝东，踏着自己的影子走了。

老异、老还、小蟾他们赶着一群小猪回来了。他们是试着将小猪赶到田里吃再生的谷苗来着。老异指着走远的

老柔问道："那是谁呀？"

"乌族打猎的。"女常说。

"打猎打到我们这儿来了，"老异骂道，"怪不得我们这儿的野兽越来越少了。"

老还也问："他背着什么呀？"

"我们送给他的'一手'布、'一手'陶碗和两只陶盆哩！"女瑶说，"他感激得什么似的。"

"他送了我一串骨珠……"女常捧起脖子上挂的项链，给老异他们看。

老异焦躁地说：“‘一手’布，‘一手’陶碗，还有陶盆，就换了这么串破珠子呀！骗子，真是骗子！”

“干吗这么小气呀！”农母劝解道，“我们那么多布和陶碗，用得了吗？”

日中为市

第二天，鸟族派来了一个叫女伏的女人，带领着四个姑娘，扛着五只被宰了的羊，送给农母，说是来学习织布、制陶的。女常和女瑶给她们表演了纺线、织布，还带领她们参观了制陶作坊。天色不早，农母留她们在这里住了一宿。

老异他们晚上回来，边吃着烤羊肉，边听着女人们在谈话。

女常走过来偷偷地对他说：“送来了五只被宰了的羊，你不觉得吃亏了吧！”

“哼，”老异大声说，“为什么要宰了送来呢？”

第三天，农母派女常、女瑶她们跟着来客一起到鸟族去，顺便带去几件麻布衣，还有新制的陶缸、陶刀、陶纺轮之类。

第四天，女常、女瑶她们回来了，抱回来几只小羊羔。农母令人把老异叫来，对他说：“活羊羔来了，交给你们去饲养吧！”

老异心细，在将羊羔抱走之前，一只只察看了一遍，说：“都是公羊，一只母的也没有！”

不久，鱼族有布衣和陶器的消息传出去了，西边的虎族、南边的狗族、北边的鹿族都有人拿些他们的土特产来交换了。

一天晚上，农母为这事召开了全氏族的民主大会。

大家围着熊熊的火堆坐着。

农母说：“我们缝的布衣、做的陶器，受到邻近氏族的喜爱啦。人们都愿意拿他们种的谷子，猎来的野兽以及各色各样土特产来和我们交换了。前天虎族来了，昨天狗族来了，今天鹿族来了。送来的东西，有些是我们需要的，有些不是我们需要的，但是人家已经老远拿来了，不换给他们又过意不去……”

女常抢着说：“我们不要，保不定别的族要哩，能不能想个法子，叫他们一起来呢？”

女瑶出了个主意，把各氏族的族长请来开个会，大家约好一个地点、一个时间……

“地点最好轮流到各村落附近，大家都不吃亏，”农母插话道，“时间嘛，最好是出太阳的日子，在太阳当顶的时候。这样，远地方的人，有时间赶得来，换完了，有时间赶回去。”

女瑶接着说：“……各氏族把自己多余的好东西拿出来，换自己没有的。两相情愿，互不吃亏，交易而退，各得其所。”

“对，这办法好！”老异拍了一下大腿，大声地说，“下次鸟族再来换东西，非叫他们拿出母羊不可！”

小兔、小蛙、老刑、小蜊几个做陶器的坐在一块儿，叽叽咕咕在议论着。

农母看见了，说：“你们别开小会呀，说给大家听听嘛！”

小兔代表他们说：“我们是说，这下有事干了。我们还商量着，以后要多做些彩陶器哩！”

“好呀！”谷母一拍手，赞许地说，“织布的、缝衣的，也得弄出点新花样来才好。要不然，人家弄出些好东西，就不肯跟我们换了。”

大家商量了一阵，最后农母总结说：“女常、女瑶你们这些外交家，明天分头通知各氏族，派人后天到这里来开会。我们在会上提议：以后轮流在各氏族村落附近，每当晴天，太阳当顶的时候，集市互换产品。”农母停了停又说：“还有，我们氏族要不要选个人，总管这件事？”

“老异吧！”老烈说，“他顶精明的。”

大家一齐赞成，老异也没意见。他还提出要小蜊帮忙，记个账什么的。

大家也都一致通过了。

小母羊和不死药

太阳快要当顶了。在村南河边，每株柳树阴下，各氏族来的人摆开了摊子。有的摆着谷子，有的放着兽肉，有的牵着小狗、山羊，有的铺排着野白菜、野芥菜，还有陈列着各种项链、耳坠、石刀、石斧、石矛头、骨箭头的。

因为这次集市设在鱼族村落附近，所以鱼族摆出来的东西最多。其中最吸引人来看的是麻布、麻布衣、各种各样的彩陶器，占了一大块地方。老异、小蜊在张罗着，老刑、老还、老烈、小蟾也在帮忙。

因为离集市近，鱼族的人，除了农母积劳成疾、卧病在床外，都跑来看热闹了。就连照顾农母，留着看家的老头儿、老婆婆也要抽个空儿，轮流到集市上去观光一番。

女常、女瑶一进集市，就看见老柔站在一棵柳树下，手扶着一担树枝。

女常偷偷地对女瑶说："怎么柴火也挑来换东西了？"

女常的话虽然很轻，但老柔已经听见了。他大笑着说："这是柴火吗？这是桂树枝呀！是贵重药材，吃了强身健胃的。"

柴担旁边是一堆鱼，有鲤鱼、鲢鱼、鲷鱼、草鱼，还有鱼叉、鱼钩、渔网、渔网坠。

女常又轻轻对女瑶说："知道我们鱼族人不吃鱼，偏送来了这些鱼和捕鱼工具。”

这话又被老柔听见了，他赔笑说：“你们不吃，有人吃哩！”

女常、女瑶笑了笑，走了过去。老柔旁边是女伏，穿着麻布衣，打扮得挺漂亮的。她牵着几只小羊，小羊咩咩叫着，挺逗人爱的。她们和女伏打了个招呼，蹲下去抚摸着小羊。女常还留神察看着，其中有公的，也有母的。她又悄悄地对女瑶说：“有母羊，快去告诉老异吧！”

她们站起来，走过一个个货摊，到了集市中心。只见老异、小蜊、老刑、老还、老烈、小蟾忙得不可开交。外族人都愿意拿出一袋谷子，换两件麻布衣；拿一只死鹿，换几只彩陶碗。

老异一见女常、女瑶来了，忙说：“有人回村，叫他们把换来的谷子、鹿肉，顺便带回去。”

女常忙告诉他说：“女伏牵来的小羊中，有几只母羊哩！”

“是吗？”老异说，“小母羊，两只陶盆换一只，看她换不换？”

女常、女瑶回头就走，老异追上来说：“要不换，再添两只陶碗吧！”

过了不久，女常、女瑶走回来了说：“女伏一定要三只彩陶盆，才肯换一只小母羊哩。”

“哼，抬价了，那鬼精灵！”老异骂道，“不换，让她牵回去！”

女瑶央求道："先换一只吧！"说完，便和女常一起，从地上捧起三只彩陶盆走了。

不久，女常牵着一只小母羊，女瑶从老异摊里扛起两袋谷子，高兴地回村里去了。

转过一个弯，只见小兔和小蛙拿着一些换来的小物件在前面走着，女常喊住了她们。女常自从小兔烧制出了陶器，自己挨了农母的批评以后，对小兔已不那么厉害了。

小兔、小蛙站在路边等着。小兔一见小母羊，便把一个小树叶包递给小蛙，要来牵小羊。

女常让她牵了小羊，反过来问："你给小蛙什么包呀？"

小兔说："这是老异用了五件麻布衣，从虎族王母那儿换来的不死药。"

“这么贵重呀!”女常惊奇地说。

“吃了不死呀，老异叫给他藏着。”小兔说。

说着走着，进了村子。女常、女瑶回到了方屋子里，只见农母闭着眼睛，斜靠在屋角落里，谷母在一旁侍候着。

“好些了吗?”女常、女瑶一齐问。

“还是那样。”谷母代答道。

“吃了药吗?”女常又问。

“她不肯吃呀!”谷母又说。

农母睁开了眼睛，对她们笑了笑，说:“你们别看我给人家找了一辈子草药，可是我自己更相信劳动能治病，能使人快乐。再说，人总是要死的，我已经到岁数了，药能治病，救不了死的。”

女常听到这里，立刻说:“老异今天换来了一包不死药哩!”

农母摇摇头说:“不死药?这名字就骗人。老异这么精明的人，今天也上当了。”

“您不信?”女常立刻走出方屋子，要小兔带着，找到了那包不死药，拿到农母跟前，当面打开树叶包，里面露出了三颗药丸。

农母拈起一颗，看了看，掰下一小块，送到嘴里品尝，忽然笑出声来说:“有点紫苏味，也有点野葱、山姜味。”

女常一听气坏了，拿起药包想要扔到火塘里去。

“别扔了!”农母说，“留着治感冒吧!”

女常还要去找虎族王母讲理，讨回五件麻布衣。谷母劝道："算了吧，她既然要骗人，还会认账么？上当就一回，以后注意点就是了。"

正在这时，小蟾钻了进来，说集市散了。他还高兴地说着用三只彩陶盆换一只母羊的事。

"虎族的那个王母走了么？"女常问他。

"早走了！"

"哼，她跑不了！"女常转过身叫来小兔，吩咐她，"把我们的紫苏、野葱、山姜捣碎吧！"

女瑶笑了，问她："怎么，你也要做不死药么？"

"她会做，我们就不会做？"

农母连忙劝阻她："我们可不能做这种骗人的事。特别是草药，本是救人的嘛，怎么能用来骗人呢？"

黄爷爷讲完了，东火、小红都拍手叫好。小红还分析道："这个故事不错。随着生产的发展，有了点剩余产品了。起先呢，还只是互赠礼品；后来呢，互通有无；终于集市易物，人与人的关系进一步发展了。而且，把'日中为市''不死药''小兔捣药'等神话、传说也编了进去，使得故事有了点'魅力'。方冰，这次没法挑眼了吧？"

方冰笑了笑说："要挑毛病，还不容易吗？什么'感冒药''强身健胃'等太新的名词都冒出来了。"

大家都不禁笑了起来。黄爷爷也笑着说："是吗？大约好久没挑这些字眼，我也就'放松警惕'了。"

接着，东火也跟着分析说："从这个故事看，虽然氏族还没有明显的分工，但是鱼族的麻布、布衣、陶器生产得多些，自己也用不了这么多；而鸟族渔业、畜牧业、手工艺品似乎也发达些，所以有了'以其所有，易其所无'的要求。反过来，有了交换，也刺激了以交换为目的的生产。小兔他们就想到多生产些好的陶器，谷母她们也要求多生产些好麻布、麻布衣了。"

"除了产品的交流外，"小红也抢着说，"也开始了技术交流。鸟族就派女伏她们到鱼族来'留学'，学习织布和制陶了。"

方冰也点点头说："交换的产品现在似乎还是氏族公有，但是氏族里管交换的头头们掌握着交换的权力。像这个故事里，老异就有权拿公家的五件麻布衣，为他自己换什么不死药哩！以后，那些头头们就更会利用职权，化公为私，把交换来的东西据为己有——私有制萌芽了。"

计 数

方冰为了准备今天晚上的故事，昨天忙了一天。他先找了一些考古学书翻了一阵，那里面很少谈到计数的事。后来，他又在图书馆借了几本讲数学起源的书来看。

吃完晚饭，黄爷爷在院子里摆了四把椅子，东火和小红把方冰拉到院子里坐下来，让他讲故事。方冰只得硬着头皮，开始讲了起来。

有趣的计数法

农母不肯吃药，她的病日渐沉重了。

谷母知道老还会跳神——曾经有人病了，他对着病人跳一阵，唱一阵，后来病居然好了，因此想叫他给农母跳神治病。她找女常、女瑶商量这件事。

“哼，”女常说，“农母不信神，最讨厌这套鬼把戏了。他一跳，农母死得更快了。”

女瑶说：“农母昨天还问起集市的事，要小蝌给她谈谈。说不定，她一开心，病倒好了。”

就这样决定，小蝌今天没有跟老异他们去赶集，留下来给农母汇报这阵子集市的情况。谷母、女常、女瑶、小兔、小蛙也都陪坐在农母身旁，一面听，一面纺着线、织着布。

小蝌说起各氏族计数的事，他说：“在交换的时候，最简单的数当然都是一。陶器一件，小野物一只，这都好办。换布怎么算呢？人们就将两手左右一伸，那么长叫一排，换谷子、野牛肉呢？就往背上一背，也就叫一背……”

“哟，”女常叫起来，“大人小孩，手不一样长，力气也不一样大，叫小孩去换东西，不是吃亏么？”

“多点少点，很多氏族倒都不计较这个。”小蝌摆了摆头，接着说，“一以上就是二，可是叫法不同。例如，鸟族的人，他们说二不叫二，却叫‘翼’或‘两’；鹿族呢，却又叫‘目’。”

“我知道,”女瑶说,“因为鸟有两只翅膀,人有两只眼睛呀!”

农母开始感兴趣了,但她见多识广,笑笑说:“这有什么奇怪的,我们说‘双’,不就是两只手吗?还有这个‘二’,你们知道是怎么来的吗?”

“是怎么来的呀?”小兔连忙问。

“二,以前说‘耳’,”农母说,“一个人不是有两只耳朵吗?”

“啊,‘二’就是‘耳’呀!”小蛙恍然大悟地说。

“还有,”小蜊接着说,“鹿族只能数到三,再数,就数不下去了,只会说‘多’。”

“有一次,鹿族人扛来一只被打死的鹿,要换彩陶盆。我给他三只彩陶盆,他不肯,说‘多’,意思是还要多换点,我就给他四只。他一看,‘多’了,也就心满意足地放下死鹿,拿着‘多’只彩陶盆走了。”

小兔、小蛙不禁都嘻嘻地笑了起来。

“虎族的人精一点，能说到‘四’，再下去又是‘多’了。而且，他们说‘四’又不叫‘四’，却叫‘两个两’。”小蜊说的时候，故意拖长声音，学着虎族口音，逗得大家都笑了。

“哼，”女常不满地说，“他们会骗人，你可要小心点！”

小蜊点点头，接着说：“数多了，就扳指头计数。这跟我们是一样的。可是，从哪只手、哪个手指头扳起，各个氏族习惯也都不一样。我们不是从左手拇指扳起，扳完左手，再扳右手拇指吗？可是有的氏族从右手扳起，有的从小指头扳起。

“狗族计数才奇怪哩！不仅扳指头，还扳脚趾头。说‘五’，是‘手’，这跟我们一样；说‘六’，叫‘另一’，意思是加上另一只手的一个指头；说‘十一’就叫‘脚一’；说‘十六’，就叫‘另脚一’了。这样，一直可以数到‘二十’。他们把‘二十’叫作‘一个人’。

“可是，连手带脚算的也有不同算法。有一天，来了两个人，也不知是哪个族的，抬来一头死牛，要换‘一手两脚’麻布衣。”

小蜊说到这里，停了下来，看看大家问道：“你们猜猜，他们是要换多少件麻布衣？”

小兔、小蛙、女瑶立刻抢着扳起手指头和脚趾头来。

女瑶最先算完，抢先说：“15件！”

“妙啊！”小蜊拍手笑道，“起先我也以为他们要换15件麻布衣哩！连忙说，不换，不换，太多了！

“可是后来缠了半天，他们把麻布衣摆好，我才闹清楚，原来他们不是要15件，而是7件。‘一手’是5件，加上‘两脚’，却是两件，总共7件。你们说，这算法不奇怪么？”

农母听得感兴趣了，抬起了身子说：“二进位算、五进位算，开始似乎简单，可是后来麻烦了。两手两脚一齐算，一上来就麻烦，看来还是我们只用十个指头算比较方便些。”

数的来历

谷母怕农母说多了话累着，便对大伙儿说：“我来给大家讲讲计数的故事吧！”

小兔、小蛙拍手道：“好呀！”

“轻一点！”女常大声斥责，“起什么哄呀！吵得农母心里不安！”

谷母轻轻地用柔和的声音说：“计数的故事从哪儿说起呢？得从不计数的故事说起。

“从前的人是不计数的。”

“是吗？”小兔不小心又问了一声，但她一看女常对她瞪着眼，似乎又要高声怒骂了，便立刻闭了嘴。

“是呀！”谷母说，“人们每天到野外去，看见鹿呀，羊呀，猪呀，狼呀，果子呀，谷子呀。起先，他们给每个东西都起上个名字，比方鹿，这个叫‘大鹿’，那个叫‘小鹿’，这个叫‘公鹿’，那个叫‘母鹿’……后来见得多了，叫得多了，才出来个‘鹿’的名。可是谁见过‘鹿’呢？谁见过既不是‘大鹿’、又不是‘小鹿’，既不是‘公鹿’、又不是‘母鹿’，总之，什么也不是的‘鹿’呢……”

“您干吗说这些呀？”小蛙听着听着，怀疑起来。她趴在谷母肩上轻轻地问：“这跟计数有什么关系呀？”

“有关系呀，道理一样呀！”谷母抚摸着她的小手，轻轻地说，“人们从来没有见过什么数，起先也不知道什么叫作数，可是他们照样生活着，采集呀，打猎呀，吃东西呀，打石器呀……

“不知过了多少年，这些事不知做过多少遍，人们终于发现，采一只果子和采几只果子不同，打一只兔子总是和打几只兔子不同吧！这样便发现了‘一’和‘多’的分别，也就有了‘一’和‘多’的说法。

“这个‘一’可是个大发现哩！”谷母郑重其事地说。

小兔和小蛙都捂着嘴偷偷地笑了，互相看了看，似乎是说：“还是‘大发现’哩！”

“是的嘛，”谷母说，“有了‘一’，才会有‘二’。这‘一’和‘二’，在我们现在看来是明明白白的，每个人有一个脑袋，两只手；一张嘴，两只眼睛。可是当初，从认识‘一’到认识‘二’，却像爬高山似的爬了一座，又爬一座，不知爬了多少日子。

“以后便是‘三’和‘四’，也像爬山，爬了一座又一座，再爬，爬不过去，还是叫‘多’！”

“接着是‘五’，一只手五个指头。”小蜊插嘴道。

“接着是六、七、八、九、十。”女常一面纺着线，一面说。她似乎嫌谷母啰唆，把一个简单的道理说得这么复杂。

谷母在地上捡了一些小石子，在地上摆成六个一行，七个一行，指着说：“你们看，六和七，或者八和九，可没有二和三、四和五那么一目了然。可是你们再看！”

谷母举起左手，伸开五个指头，同时竖起右手大拇指说：“这是六！”

接着她再把右手食指一伸，说：“这是七！这不是比较容易看清吗？”

小兔、小蛙也跟着举起手指头，看了看，恍然大悟地说：“怪不得我们总是扳着指头计数呀！”

“是的嘛！”谷母点点头说，“还有一点要说清楚的是：从前人们说数，不是像我们现在这样单独地说哩！总是连着什么东西一起说的。比方说鹿，叫‘一鹿’‘二鹿’，可是说羊，也许换个别的音，叫‘温羊’‘杜羊’。以后才慢慢统一起来，逐渐摆脱实际东西，单单顾到数。指头、石头，也可以代替羊呀、鹿呀来计数了。”

忽然，小蜊举起右手食指放在嘴上，对大家“嘘”了一下，又指了指农母，大家一看，原来农母睡熟了。

大家便都不说话了。

小蜊轻轻站了起来，跟着小兔、小蛙，蹑手蹑脚地走出了方屋子。

数陶盆

小蜊跟着小兔、小蛙走出了方屋子，对她们说：“老异要我清点一下，我们还有多少陶器，我们一起来清点吧！”

小兔说：“行！”

他们一起走出村东门，走进了陶作坊里。只见那边角落里摆着几口陶缸，顺着排过来是一堆尖底水瓶、一堆陶盆和几行陶碗。

小蛙说：“先从少的数起吧！”

“对！”小兔说，“那就先数陶缸吧！”

“行！”小蜊说，“你们来清点，我来计数。”

小兔点着陶缸：“一个、一个、又一个……”

小蛙在旁边扳着指头，跟着念：“一个、一个、又一个……”最后，左手五指叉开，右手还竖了个大拇指。

小兔看了看说：“总共六口缸！”

小蜊说：“没有超出两手之数，就不用扳指头了！”

接着清点尖底水瓶，一看，明显超过了两手之数。

小蝌说：“你们将它们一个个搬过去，我来数。”说着，他坐了下来。

小兔搬过一只尖底水瓶，小蝌扳一个指头；小蛙搬过一只尖底水瓶，小蝌又扳一个指头。小兔、小蛙各搬了五遍，小蝌十个指头扳完了。他自言自语地说：“农母说了，只用十个指头算方便些，我们就不用扳脚趾头了。”说着，他从地上拾起一根竹子——前天他在这里做笔用剩下的，折成食指长的几段，放在身边，从中拈出一段，摆在面前地上。

小兔、小蛙又一起搬了三次，尖底水瓶便都搬过去了。

小兔问小蝌：“总共多少呀？”

小蝌指着地上那段竹枝说：“这是一个十。”又举起左手说：“这是三个。总共一个十，又三只！”

小蛙说：“哟，这么麻烦，就叫十——三只，不好吗？”

“对！这么说好！”小蝌说，“尖底水瓶十三只。再数陶盆吧！”

小兔将陶盆一只一只递给小蛙，让她摆在另一边。小蝌扳着指头，一个个数着。搬完了，数完了。小蝌面前的地上摆着两段竹枝，左手手指全扳完了。他大声宣布：“陶盆二十五只。”

于是又清点陶碗。清点完了，小蝌面前摆着三段竹枝，左手伸出四个指头。他算着：“三个十，又四只，三十四只陶碗！”

忽然老刑从陶窑那边走过来了。他问道：“你们干什么呀？”

“我们在数陶盆哩！”小兔、小蛙不约而同地回答。

“几口陶缸呀？”

小兔、小蛙想了想说：“好像是六口吧！”

“是六口！”小蜊点点头说。

“几只尖底水瓶呀？”

小兔、小蛙答不出，看着小蜊。小蜊想了想说：“好像是十——三只。”

“陶盆呢？”

小兔、小蛙和小蜊，面面相觑谁也想不起来了。

“哟，你瞧！”老刑笑道，“数了半天，还是答不出来，这不是白费工吗！小蜊，你想法子记下来吧！”说完，他又上陶窑那边去了。

“是得记下来，可是怎么记呢？”小蝌自言自语地说。

“画符呀！”小蛙说。

“对，”小兔也出了个主意，“你把小竹枝画上吧！”

小蝌从屋角里找出一块大点的陶盆破片，又把上次画符的那支笔和那碗黑泥浆都找出来了。

他们又重新清点了一遍，将尖底水瓶、陶盆、陶碗一件件搬回原处，清一样，数一样，立刻记下来。

当老刑再从陶窑那边走回来的时候，只见小蝌的“账本”——那块陶片上画着一些符号。

“这是六口陶缸、十三只尖底水瓶、二十五只陶盆、三十四只陶碗。”小蝌解释道。

“这算什么？”老刑笑笑说，“这叫不算数。”

“怎么叫‘不算数’？”小兔、小蛙、小蝌都不懂什么意思。

老刑见他们不懂，便解释说：“我们做了这么些东西，当然是有成绩啰。但我说‘不算数’，再多也‘不算数’，意思是说：切不要因此骄傲自满，我们要永远向前看！”

故事讲完了，小红打了个呵欠说：“缺乏形象性，没味！”又说：“我最不喜欢数学了。”

黄爷爷看了她一眼说：“是吗？这可不好，我们都应当学好数学，它不仅对我们未来的工作和学习有实际用处，还是一种‘思想体操’哩!”

东火说:“我的数学虽然学得不太好，但是这故事听起来还是蛮有兴趣的。它告诉我们数的概念不是凭空产生的，而是在人的生活、生产中，从客观世界得来的。也说明人们由感性到理性、由具体到抽象、实践—认识—再实践的发展过程。”

黄爷爷满意地点了点头，又看了方冰一眼。

方冰想了一想说:“这个故事是一个测验。小红方才说的‘缺乏形象性’是对我的批评，我以后要注意文艺方面的学习。东火觉得蛮有兴趣，说明他培养了抽象思维的才能，可以更进一步发展这种才能，将来可以从事科学研究工作。”

小红噘嘴道:“那说明我缺乏抽象思维能力，将来不宜于搞科学啰!”

黄爷爷连忙安慰她说:“那当然也不是，才能是通过实践培养起来的，学问是学来的。只要刻苦钻研，谁都可以从事科学研究，对科学事业作出贡献。”

十一 斗 械

今天白天，黄爷爷领着三个中学生游览了大雁塔等名胜古迹。方冰得意地说:“一日看遍长安花了。”

晚上，大家仍然坐在院子里，在星光下听黄爷爷讲故事。

小红说：“今天是最后一晚，黄爷爷，您又得讲一个最长的故事呀！”

“对！”东火说，“得讲到月亮出山！”

黄爷爷笑道：“哈！那就是说，得讲到半夜啰！”

于是黄爷爷讲了起来。

农母的死

夕阳落山，飞鸟归巢。到远处赶集的、在近处放猪的，都奔回村落。织布的、制陶的也早已收工，烧晚饭了。

大家吃完了晚饭，仍聚集在阴暗的大方屋子里。

农母昏睡了一下午，现在又从女瑶端着的陶碗里喝了两三口菜汤，觉得精神好一点，便示意女瑶把大家叫拢来，围坐在她身旁。谷母、女常、女瑶、小兔、小蛙等女人和孩子围坐在里圈，老异、老刑、老还、老烈、小蟾、小蜊等围坐在外圈。大家屏住呼吸，静听着农母发出的轻微的声音。

农母说：“鸟儿要死了，发出凄楚的哀鸣；人要死了，也要讲几句有益的话。

“在我这一代里，生产有了很大发展，打猎的本领提高了，谷子收得多了，最近老烈他们还在学着种菜、织布、制陶，充分发挥了物力，都是重大的发明。

“可是人和人的关系似乎在坏下去，人心没有从前那么淳朴，不像原先那么大公无私了。偷懒取巧的心思，多吃多占的心理在露苗头。我似乎觉得，一场翻天覆地的变化要来了似的。

“因此我编了几句话，希望你们好好记住：

不要吝惜力气，充分发挥地利，
多多关心他人，少少考虑自己。”

农母在发表这一通“主观善良愿望”的时候，不断喘着气，连连咳嗽。女瑶连忙跨近农母的卧铺，替她轻轻地捶着背。

大家听一句，默记一句。谷母、女常她们念着念着，不禁轻轻抽泣起来。

忽然后面有人在粗声说话，似乎是赞叹，又像有点不平：“要做到这几点，除非是个‘完人’。”大家一听，知道说这话的是老异。

农母喘了口长气，苦笑道：“‘完人’是很少有的。倘要完全的人，天下配活的人也就有限吧！但是要尽力而为，莫虚度一生。每一代人都要前进一步！”

农母又喘息了一会儿，接着说：“前些日子我们提出‘日中为市’，这本是互通有无的好事。可是这么一来，氏族与氏族就有利害关系了。我们不要去占人家便宜，要多和人家讲团结、求联合，但是防人欺侮之心，也不可没有哩！”

“谁敢欺侮我们，我就给他三斧头！”老刑一边说，一边举起右手，朝空中砍着。

农母又喘息起来，似乎还在念叨着什么，但是声音更轻微，听不清楚了。

谷母偷偷向大家挥了挥手，男人们便悄悄退去；女人们，除了谷母、女常和女瑶，也都轻轻走开。大家怀着忧郁的心情，静候不幸消息的到来。

屋子里死一般的寂静。只有火塘里低下去的火焰一闪一闪，把三三两两幽暗的人影，投射在四周的墙壁上。

半夜，屋角里忽然发出了一声惊叫，一阵抽泣，接着是几个人的大声号啕，终于整个屋里一片痛哭声。

在方屋外的小圆屋里躺着的老异、老刑、老还、老烈等人，都一齐爬起来，跑出了屋子。大家知道不可避免的事情终于来到了。人们想念着农母平素的好处，便一个个捶胸顿足、痛哭流涕，在西天落月的余光照映下，向方屋子奔去。

大家痛哭了一阵，又互相劝慰着，哭声才逐渐平息下来，化成了轻微的抽泣。

天亮了，由谷母出来主持丧事。按照当时的习俗和女常、女瑶的意见，他们去到北邙坟地里，先把农母长女女娃的骨殖挖出来，放在一口陶缸里；再将这坑挖大，把穿上麻布衣的农母的尸体抬来，一齐放进坑里；再把陶缸、陶碗、陶盆、尖底水瓶、猪头，加上装在一只新制的加盖的陶罐里的粟米，作为陪葬物。其中麻衣、陶器这些新东西，是以前陪葬物中从来没有过的。

老异吃羊

农母死了一个多月以后的一天下午……

穿出小小的松树林子，远远可以看见鱼族的村落了。

老异忽然停了下来，喝住猎狗小狼，回头对牵着一头肥羊和几头小羊的老还说："把那只肥羊杀了，吃饱了再回村吧！"

扛着一大块野猪肉紧跟上来的老烈说："怎么？正午吃了一只肥羊，你就饿了？"

后面扛着谷子的小蜊、小蟾也赶上来了。小蜊一听，连忙说："离村不远了，还是回去吃杂烩菜汤就烤饼舒服。"

小蟾也说："女常要知道我们老在外面杀羊吃……"

老异焦躁起来，斥责道："怎么？农母在，我都不怕，还怕女常？女常不是大家选的管家婆吗？在外面，我说了算！"

大家都不做声了。

老还怂恿道："按理呢，我们辛辛苦苦，为全族赚了这么多东西，多吃一点也是应该的。”

“动手吧！”老异命令道。

大家只得放下东西，动手做吃的。

老还一刀把那只肥羊宰了，又将它大卸八块。小蜊、小蟾弄来了柴火，老烈把火烧着。大家便烤起羊肉来。一阵阵烤羊肉的香味漂浮在树林边，怪引人口馋的。

老还把烤羊头恭恭敬敬送给老异，老异捧着便大啃起来。接着，老还又送给他两条羊腿，自己和老烈各分一条，剩下的，小蜊、小蟾等人分吃了。

“吃呀，吃呀！”老异催促着，“要不够，再杀一只吧！”

“够了，够了！”老烈忙说，“还有剩哩！”

“吃不完，喂狗吃！”老异将一根没有啃净的骨头掷给小狼。他看了看西边快要落山的太阳，拍拍肚皮哈哈大笑说：“呀，吃撑了，怕要走不动了，你们先赶路吧！”

老还、老烈他们赶忙收拾了一下，牵羊的，扛肉的，背谷子的，往村里走去。只有老异，踏着方步，落在后面。

女常遭劫

当老还他们走进大方屋子，只见女人们已经为他们准备了丰盛的晚餐。老还蹲下来，还打算装模作样再吃一点，可是老烈把手一挥，直率地说："吃过了！"

女常气冲冲地问道："你们又宰羊吃了吧？"

老还吓得一哆嗦，连忙说："我说了不要宰，不要宰，可是老异不听，非宰不可！"

女常大怒，杏眼圆睁，柳眉倒竖，骂道："大家辛辛苦苦，做出来布衣，烧出来陶器，换来了东西，你们倒先吃了！你们心里还有大家吗？你们眼里还有我吗？这不是多吃多占吗？——老异呢？"

一说老异，就听得老异在外面大叫："小兔，我的药呢？"

坐在屋角落里的小兔没有答应。

女常怒气冲冲，冲了出去。谷母连忙喊："女瑶，拉住她！"女瑶没有拉住女常。大家便一个接一个跑出屋去。

在广场上，在落日余晖里，只见老异在挥拳大叫："小兔，不死药！"

女常一听不死药，气更大了，喝道："什么不死药，受了骗还不知道！那是感冒丹，前天我感冒，吃掉了！"

老异一听，火也更大了，骂道："好呀，你吃了。老子肚子都快撑破了，你要老子的命呀！快还我不死药，那是我用五件麻布衣……"

“五件麻布衣，还有脸说哩，换了这假药……”

“比你那串破珠子好，骗去‘一手’布，‘一手’陶碗，还有陶盆……”

“你做的陶碗、陶盆吗？拿集体血汗换来的东西，就归你了吗？”

“不归我，怎么归你？”老异奔回小圆屋，拿出一支长矛，要来刺女常，被老刑、老烈抱住了。

女瑶对女常说：“你快走开一步吧！我们来劝住他。”

女常气愤极了，她奔往北邙，扑在农母坟头上号啕大哭：“农母呀，你快起来吧，我管不了啦！”

“不要怕，我来保护你。”坟里有人在说话。

女常大吃一惊，抬头一看，只见苍茫暮色中，一个干瘦的人从坟头后面站了起来。女常吓得瘫倒在地上，她挣扎着想站起来，可是双脚软了，站不稳。

人影走了拢来，女常看清楚了是鸟族的老柔，她镇定了一下，大声喝问道：“你，你来干什么？”

“农母要我来救你哩！”老柔说。

“放屁！”

老柔不由分说，抱起女常，往东就走。

女常挣扎着，回头一看，村里人喊狗吠，追出来了。她赶忙大声疾呼："救命呀，救命!"但她的嘴立刻被老柔捂住了。

追过来的人，为头的是老异，猎狗给他引着路，向东边追过去。

追呀，追呀！前面出现了一个小土岗。一轮圆圆的月亮正从土岗后面爬了上来。在巨大的圆月里，映照着老柔抱着女常奔跑的人影。

老异急忙将弓从肩上卸下来，搭上箭，"嗖嗖嗖"，一连发了三箭。人影不见了，土岗后面出现了几团火把。

"追!"老异气得大叫。

"不能追!"跟上来的老烈喊道，"有埋伏!"

小蟾、小蜊、老还也追上来了，他们帮着老烈揪住老异，强把他拉回村去。

老刑舞干戚

星光下，老刑和老还左手拿干——盾牌，右手握戚——长柄斧，领着小狼在陶坯作坊、陶窑四周巡视了三遍，见什么异样也没有，便走进黑魆魆的作坊里，准备休息一会儿。

他们铺上两块鹿皮毯，将"干"放在鹿皮头部当枕头，摸黑躺了下去，将"戚"放在右手边。

老刑在睡梦中，忽听小狼"汪——呜"一声惨叫，他一把握住斧柄，拿起盾牌，腾地一下跳了起来，同时踢了踢老还，喊道：“快起来，鸟族的人来了！”

老还一滚就起来了，可是他什么也没拿，喊了一声“我去叫人”，便丢下老刑，往村里跑去。

月亮已经出来了。在作坊外面的月亮下，一个干瘦的人走了过来，老刑认识是鸟族的老柔。

“打狗看主人，你凭什么把我们的狗打死了？”老刑质问他。

“它凭什么咬我呀！”老柔若无其事地说。

“活该，深更半夜，你跑来干什么？”老刑大声喝问并冲了出去。

“没事，没事！”老柔干笑道，“想换点陶器哩。”

“农母规定：日中为市，你深更半夜跑来干什么？”

“老异索价太高，一只母羊才换两只陶盆。”老柔喃喃地说。他看清了对手，忽然假笑道：“啊，原来是老刑！听说你是烧陶能手，我代表鸟族，请你上我们村去教我们烧几天陶器怎样？每天三顿羊肉！”

“你们先把女常送回，再正式来邀请……”

“女常，她过得可好了，戴着三串项链，餐餐吃着羊肉，活又轻，不想回来了。你要去了同样优待，你也不会想回来的。”

“放屁！”

“这么说，好好请你是不肯去啰，要明白，我的石斧砍脑袋可锋利了！”老柔狞笑道。

“我的石斧也不是吃素的。”老刑针锋相对地回答。

老柔一石斧砍过来，老刑用盾牌一挡，同时也给了他一石斧。

老刑憋了一肚子气，猛砍猛冲，老柔哪是他的对手。战不几回合，老柔倒提着石斧就跑。老刑追了上去举起斧头要砍，忽听两边草丛中窸窸窣窣作响，跳出了几个人来。月光下，老刑一看，都是鸟族的。老刑挥斧扫去，砍倒了一个，吓得其余几个人都倒退了一步。可是老柔转回来了，大声喝道：“一齐上，抓活的！”

几个人一拥而上，老刑又砍翻一个，可是上次野猪戳过的腿上伤口忽然猛地一绞痛，松了一下劲，他的腰和手便立刻被人抓住了。老柔吩咐随人用绳子将他的手反剪着捆了起来。他们一边推推搡搡，一边冷笑着说：“老老实实替我们去做陶器吧！”

“呸，做梦！”老刑怒骂着，同时使劲地挣扎着。

女瑶惊梦

天色微明，老异、老烈才接到老还的报告，便立即嗾着猎狗，奔向陶器作坊。到那里一看，陶碗、陶盆还没来得及被全劫走，但破了很多，满地都是碎片。老刑，显然是被绑架走了。

消息传到村里，村里一片混乱。小兔、小蛙痛心陶作坊被破坏，老刑被绑走，都不禁号啕痛哭起来。谷母劝慰了这个，又劝慰那个。

正在混乱之际，忽见女瑶披头散发，放声大哭，从一座小圆屋里跑了出来。她一把抱住谷母诉说道：“不得了呀，不得了！老刑被他们砍头了。我梦见他没了脑袋，可是胸脯上长了两只眼睛，肚皮上长着一张嘴，左手挥着‘干’，右手舞着‘戚’，追赶着敌人，战斗不息……”

女瑶一边痛哭，一边诉说着。忽然她向谷母跪了下来说：

“谷母，让我去鸟族，同他们讲理，叫他们放回女常、老刑吧！”

谷母流着眼泪，扶起女瑶，抚摸着她散乱的头发说：“傻孩子，这时候去，不是白送死么？”

女瑶转过身来，对老异说：“老异，你领着我们去报仇呀！”

“走！”老异把手中的弓箭一举，大声叫道。

立刻，全村的人拿木矛的、拿投枪的、拿飞石索的、拿弓箭的全都集合起来了。连小兔、小蛙也拿起弹弓要去参战。

忽然，在村东放哨的小蟾，手拿一支箭飞跑过来，大

声喊道："鸟族射来的箭！"

老异接过箭来一看，箭是平常的箭，只是箭身上卷着一张羊皮，外面用一绺头发束住。他扯下那绺头发，顺手扔给女瑶。女瑶不看则已，一看，尖叫了一声"老刑呀"，顿时昏倒在地，两眼直愣愣的，嘴唇惨白惨白的。

两个女人连忙蹲下去将她抱住。谷母赶上来，掐她的人中（鼻子下面），扯她的后颈窝，揉搓了好一阵子，女瑶才慢慢苏醒。她睁开眼，挣扎着坐起来，环顾了一下周围的人们，两手理了理蓬乱的头发，放声痛哭不止……

小蝌读信，谷母定计

老异将羊皮打开，只见上面画着一幅图画：有鹿儿、鸟儿、老鼠、鱼儿，十来只陶盆、陶碗，还有三支箭。

老异看不懂什么意思，叫过小蝌，要他念一念。

小蝌看了一会，琢磨了一番，便捧起羊皮，向大家

宣读：

鸟族写信给鱼族：
你们能像鹿儿一样飞驰在草原吗？
你们能像鸟儿一样翱翔在天空吗？
你们能像老鼠一样钻进地穴吗？
你们能像鱼儿一样游行在水中吗？
假如不能，就送来十只陶碗，
还要十只陶盆，
不然，我们的弓箭决不留情。

老异、老烈一听，肺都气炸了，跳了起来，高声大叫：“杀呀，报仇呀！”

全体战士都如干柴烈火，一下子腾腾地燃烧起来。

谷母放下苏醒过来的女瑶，踱着缓缓的步子，走到人群面前，轻轻摇着双手，低声对大家说：“冷静，冷静！”

全族人员立刻静了下来。

谷母说：“鸟族的人侵犯我们的狩猎场，在我们的河里捕鱼，还劫走女常，杀死老刑，我们能不报仇吗？”

“我们要报仇!”大家挥舞着木矛、投枪，高声喊叫。

“是的，”谷母仍然轻轻地说，“我们要报仇。我们先把村东、村北、村南的桥都抽掉，做好防御工作……”

“进攻是最好的防御!”老异不耐烦地大叫道。

“对的!”谷母冷静地点点头说，“我还没有说完哩!——我们不是要胜利吗?但是怎样取得胜利呢?要有好带头人，要有好主意。现在，我提议：让老异做我们的统帅，好不好?”

“好!”全体一致举手赞成。老异也不再说话。

“大家先歇一会儿。”谷母接着说，“老异，你不要再愤怒了!女瑶，你也不要伤心了!你们都跟我来，我们商量一下。”

说完，她领着老异，搀着女瑶，向方屋子缓缓走去。

鱼族复仇

老异开完了作战预备会议，从方屋子里走出来，立即将自愿去复仇的人分成两队。一队由老还、小蟾带领，另一队由老烈、小蜊带领，分头把村东、村南、村北的桥都抽掉，然后从西桥出村，到河边去练武。

女瑶带领几个妇女，去老烈种的菜地里摘菜。谷母指挥几个老头儿与老婆婆烤饼、烤肉、煮菜汤。

饭菜做好了。谷母派人通知老异，叫练武的都回来吃饭。

吃饱了饭，老异命令全体战士休息，只派几个人分头在村口放哨。

老烈有点纳闷，问老异道：“怎么，不去报仇了？”

“听命令！”老异瞪了他一眼，但立刻又轻轻地说，“谷母有计。”

天黑前，战士们练了一阵武，又饱饱地吃了一顿饼。

吃完了，老异命令老烈一队人去休息，对老还一队人说：“准备好，月亮一出，你们就出发……”

老还胆怯地问：“就我们一队人去打？”

“不叫你们去打，叫你们去玩一会儿。”老异接着附耳低声地对老还说了几句话。老还点了点头，然后悄悄地分别通知了小蟾及全体队员。

半圆的月亮出来了，老还一队全副武装，驱着猎狗、打着火把出西桥，转向东边土岗走去。一到东边土岗上，他们就大喊大叫，猎狗也汪汪地吠叫着。立刻，只见鸟族的村落里，无数火把亮了，人喊狗叫乱成一片。可是老还和小蟾却分头领着人和狗，打着火把绕了一个圈儿，回村休息了。

第二天，和昨天一样进行。只是白天，鸟族来了几个人侦察，见这边有人放哨，就悄悄溜走了。鱼族放哨的人没有理他们，也没有发信号。晚上，换了老烈一队人去骚扰，月亮升得老高了才出发，见到鸟族人火把齐明，人喊狗叫，乱成一片后，才从容回村。

第三天、第四天白天，照样练武、放哨、吃饭、休息，一队人去鸟族村西骚扰。晚上，只派了岗哨，没有去巡逻。

第五天黎明前，月亮还没有出来，到鸟族去侦察的小蟾跑回来了，说整个村落都静下去了。于是，谷母、女瑶、老异、老烈、老还、小蜊，分头将全体战士一个个叫醒，按照预定命令，大家全副武装。小蟾、小蜊等小伙子还扛着准备搭桥的树干，狗儿扎起了嘴巴，战士个个含一块烤肉，不打火把，整队出发。谷母、女瑶送出村寨，勉励大家报仇雪恨，奋勇作战。

老异背着弓箭，拿着石斧，走在最前面。全体战士各拿武器，在星光下飞速地、悄悄地行进。

越过东面土岗，月亮还没有出来。

走近了鸟族村落，村里还没有动静。

一个鸟族哨兵突然发现大队人狗来到村边，正准备立刻打火、放信号，被老异一箭射穿了。

小蟾、小蜊等小伙子，飞快地在壕沟上搭起了一架木桥。

“冲呀!”老异挥舞石斧，一声命令，全体战士大叫着，驱赶着被解除了束缚的猎狗，猛冲向前。鸟族的人从睡梦中惊起，四处乱窜。跑得快的往东逃走了；跑得慢的大半被杀，一小群被俘虏。

老烈和小蟾将所有草屋子全烧着了，把值得拿走的山羊、谷子、项链、弓箭全集中在广场里。

老异搜寻着老柔，小兔寻找着女常，找遍全村，都没有找到。问俘虏，一个俘虏指着东边说：“老柔带着几个人，押着女常往那边走了。”老异大怒，一斧将那俘虏砍了。

老异、小蟾、小兔领着几个战士往东追了一阵，不见人影，只见月牙儿从东边树梢头爬了出来。老烈赶上来说：“小心有埋伏!”这才将他们劝了回来。

老还、小蜊又押着几个俘虏走过来了，问老异道：“怎么办?”

老异厌烦地挥了挥手说：“留着吃烤饼吗？杀!”

小蜊指着俘虏中的女伏说：“听说她缝衣、做饭，样样能干。”

老还笑嘻嘻地补充道：“而且多漂亮，跑起来像受惊的鸟，扭起来像游水的蛇。”

“那就留着吧!”老异说，“叫她老老实实干家务活，不

许乱说乱动！”

太阳出来了，照得天地一片光明，月牙儿淡淡的光辉也为之失色。它们瞧着这群扛着大量战利品、押着一群女人和孩子的凯旋的队伍。

黄爷爷讲完了，看了看东方地平线上露出的半轮月亮说：“看，月亮出来了，讲得够长了吧！”

“哟，”东火说，“今天月亮怎么出得这么早，正听得有趣呢，我还以为故事没有讲完哩。”

“故事是讲不完的，”小红说，接着分析起来，“这故事有声有色，引人入胜。开头几节，似断还连，之后几节，一气呵成。最后以悲剧结束，有些人下落不明，让听众自己去想象补充。”

小红正说得起劲，东火忽然提出了一个问题：“我有一事不明。”他用了个半文半白的“一事不明”，逗得小红不禁抿嘴一笑。只听东火接着说：“题目是《斗械》，可是一开始来了个农母的死，接着又是老异吃羊，好像连不起来似的。”

黄爷爷没有说话，看了方冰一眼。

“我想，”方冰想了一想说，“农母的死象征着母系氏族的衰落，老异吃羊意味着父系氏族社会的萌发。这两节说的都是内部矛盾，下两节乌族乘机欺凌，是外因通过内因起作用。”

方冰说完了。小红也笑嘻嘻地学着东火的口气问道：

“我也有一事不明，农母临死时说的四句话，现在看来也是对的呀，为什么说她是‘主观良好愿望’呢？”

“一切事物以时间、地点、条件为转移。”方冰从容不迫地说，“那时候是从公有制开始向私有制转变，从无阶级社会开始向阶级社会转变，这是进步。农母预感到一场大变动要来了，她算猜对了。可是她幻想着大家还是大公无私，这是做不到的，这是与社会进化方向矛盾的，因而是错误的。而今天，我们正在从私有制走向公有制，从阶级社会转变到无阶级社会去，就应当提倡舍己为公的共产主义精神，这是与社会进化方向一致的，因而是正确的。”

“对啦，”小红拍手说，“难怪这一章以悲剧结束：好人没有得好报，坏人也没有得坏报——不过，老刑死得壮烈，令人钦敬；可是女伏为什么那样怂包，怎么没有反抗呢？”

“这大概是预示：最初的阶级压迫是同男性对女性的奴役同时发生的吧！”东火说，“这是不以人们的意志为转移的。这也不是哪一个人的事。”

东火说完了，看了看黄爷爷，似乎是征求他的意见。

“你们都说得很对，我正是这样想的哩！”黄爷爷总结道，“这次我同大家一起到半坡来学习，感到有不少收获。我们学习了十天，轮流讲了十个故事。半坡人时期的发明创造、生活情景，大致都包括进去了。回北京以后，还希望大家把这些故事整理出来，除了修改、提高外，还得统一一下语气，因为是不同人讲的嘛。好，今天晚了，快去睡觉吧！幸好明天是搭下午的火车。”

附　录

推荐《"北京人"的故事》[1]

高士其

北京二七六中学的三个中学生，在学习了恩格斯《劳动在从猿到人转变过程中的作用》这篇光辉文献以后，趁着放暑假，去参观了北京猿人展览馆，在那儿待了十天，晚上听讲解员黄大爷给他们讲"北京人"和"山顶洞人"的故事。

故事的编者刘后一同志，用丰富的想象力、优美的语言，追述了60万年前到1万多年前原始时代人类的历史，生动地描述了原始人生活的情景。这是一个关于原始社会的科学幻想故事。

故事分作两个部分：前一部分是以北京猿人时期为题材；后一部分是以山顶洞人时期为题材。前者，由《猎火》《喂柴》《驱兽》到《打虎》四个故事组成，情节比较简单；

---

① 原载《化石》，1977年。

后者，由《捕鱼》《杀象》《学艺》《埋尸》《缝衣》到《钻木》六个故事组成，事情多起来了，情节也复杂化了。其中以钻木取火的故事最为突出，最富有吸引力，其意义也最重大。人们学会了取火的方法，因而，从自然中取得了自由。钻木取火的成功，使人们支配了一种自然力，也使人们认识了自己的力量。但是，先进的人们，决不会满足于已经取得的成就，他们将不断总结经验，排除万难，奋勇向前，去争取更大胜利。

《钻木》这个故事，以钻木取火为主线，以击石取火为副线，以追日借火为陪衬，以山洪灭火为导因，展开了矛盾斗争，终于取得了胜利。在其他九个故事里，也都贯穿了前进与保守两条思想路线的斗争。在这十个故事中，都有景物的描写，形象的塑造，简练的对话，热情的歌唱，充满了生活气息；既有矛盾斗争，又有发明创造；既有人和自然的搏斗，又有人与人之间的冲突。

诚如鲁迅在科学小说《月界旅行·辨言》中所说：“盖胪陈（平铺直叙）科学，常人厌之，阅不终篇，辄欲睡去（一篇没看完，就想打瞌睡），强人所难，势必然矣。惟假（借）小说之能力，被优孟之衣冠（穿上演员的服装），则虽析理谭（谈）玄，亦能浸淫脑筋，不生厌倦……使读者触目会心，不劳思索，则必能于不知不觉间，获一斑之智识，破遗传之迷信，改良思想，补助文明，势力之伟，有如此者！”因此，本书作者，用生动活泼的文艺形式，深入浅出地普及科学知识的尝试，是极其可贵和值得提倡的。

今天，打倒“四人帮”，人民喜洋洋，一个文艺、科学技术“百花齐放，百家争鸣”的明媚春天已经到来。在这时候，出版这本科学幻想故事，是献给广大青少年读者的一份珍贵礼物。我们期望更多的科学工作者拿起笔来，为广大青少年创作出更多的科学小说、科学童话、科学诗等丰富多彩的科普作品来。

饶有趣味　启人智慧
——《半坡人的故事》读后①

刘秋生

最近，在五光十色的科普读物的新书架上，又增添了一部约 8 万字的《半坡人的故事》。这是科普作家刘后一同志的很受欢迎的一部新作；他曾以《算得快》和《“北京人”的故事》两书，赢得了大量的青少年读者。《半坡人的故事》是《“北京人”的故事》的姐妹篇，它以饶有兴味的笔调，曲折有致的故事情节，生动地再现了六七千年前半坡人的生活情景，展示了母系氏族社会后期所出现的对后世文明产生深刻影响的一系列重大事件和发明。

社会发展史告诉我们：大约从四五万年前开始，我国原始社会逐步进入了母系氏族社会。到了距今六七千年前的半坡人时期，已是母系氏族公社发展的极盛阶段。这一

① 原载《光明日报》。

时期前后，创造了复合工具和弓箭，制造石器的技术和方法普遍改进；原始农业已经出现，并成为主要的经济部门；以制陶为标志的原始手工业也相应地发展起来；普遍饲养家畜；人们已过着定居生活，建立了氏族村落；人们的精神文化生活也渐渐丰富起来；群婚制逐渐为对偶婚所代替。

《半坡人的故事》就是作者通过对以陕西半坡人遗址为中心的大量出土文物、考古实证资料，进行了深入的剖析研究，然后，采用高度浓缩的手法，挈领提纲，抓住造弓箭、驯狗养猪、织布制陶、计数造字等重大发明创造，精心设计人物，巧妙构思情节，诉诸具体的、栩栩如生的艺术形象，使这一时期的人们的原始社会生活，当时的社会组织特点，人们的生产生活和进行发明创造的具体情景，直至后来出现市场交换、私有制萌芽等，得到了真切生动的反映。因而可以说，这本书为读者学习社会发展史提供了很好的辅导材料。

这本书中写的许多创造发明，有的从远处着笔，有的开门见山，有的从正面描述，有的从侧面交代，手法灵活多变，绝不死板。更重要的是，本书通过压弯树枝造弓箭、狼尾草变粟、由狼变狗、野猪家养、野麻织布、由烤泥篮导致发明制陶等相互连贯与趣味盎然的小故事，生动地概括了历来重大发明创造出现的一般性规律，即：开始总是有了强烈的社会需要；随此而来，引起了对于谋求满足这种社会需要的普遍关心；终于，有少数人在积累前人探索成果的基础上，在某种偶然的机遇中，首获解决这种社会需要的办法。书中写发明“制陶”这个故事，先写的就是用皮口袋、狼脑壳打水与盛东西的诸多不便；而后转入写小兔、小蛙听了农母、谷母等总结前人经验的谈话，淘气玩耍，将一个敷上稀泥的篮子放在火上烤，竟意外地烧出了化学性质发生了变化的“硬泥块”，由此而导致了正规的陶器的出现。这类例子很能说明必然性通过偶然性得到实现的道理，是很能启发人们智慧的。

《半坡人的故事》语言朴素明快，故事铺陈中注意人物性格的刻画，书中农母、老异、女常、老刑、女瑶、小兔、小蛙等人物，都各有较鲜明的性格特征。而且，情节安排融入了如神农氏“教民稼穑”“尝百草”和“日中为市”“不死药”“小兔捣药”等大量神话传说，大大增加了全书“以情动人”的魅力，使科学性和趣味性、艺术性融为一体。

园外园丁的道路①

刘后一

解放了，大学毕业了。这对我来说，真是喜上加喜，双喜临门。由于工作需要，我被分配到中国科学院。除了两次进研究生班学习外，一直从事科学研究和科学出版工作。业余则从事科学著作的翻译。

别了，我学过的教育学！别了，我亲爱的孩子们！

---

① 节选自《中国少儿科普作家传略》，希望出版社 1988 年版。

可是有一天，我读了高士其的《时间伯伯》《我们的土壤妈妈》，少年时代“走高士其的路”的愿望又萌发起来。我觉得虽然不再和孩子们朝夕相处，但还是可以为他们做点事情。于是我立刻写起科学诗来，还把稿子寄给高老和郭老（沫若），请求指点。他们居然都回信鼓励我，也指出了一些缺点。我发觉我没有什么诗才，便将诗改成科学小品，投给《人民日报》《光明日报》等，居然发表了。由此引起了一些报刊编辑的注意，纷纷前来组稿。中国少年儿童出版社陈俊忻同志要我为孩子们写一本书，这对我倒是一件新鲜事。

“写什么呢？”

“眼下孩子们对算术学习感到费劲，能不能写一本书，诱发他们对算术的兴趣？”

我想起了在小学校给孩子们教“肚算”的情景，便决定写一本学习速算的书。

怎样写呢？我带着这个问题走进了少年儿童图书馆，认识了一位老大姐，她叫陈俊慧，真巧，她是陈俊忻的姐姐。我向她说明了来意，她引我参观了架上陈列的书：故事书，翻得要破了；知识书，崭新得很。陈大姐的意思我懂了，孩子们爱看故事书，不爱看知识读物。能不能把两者结合起来，写成科学故事书呢？我的自我回答是肯定的。从此，我迈出了向科普创作道路前进的最关键的一步。

不会写，学着写。既是故事，就得有情节。情节是一件事一件事串起来的，就像动画片是一张一张画联结起来的一样，连续快放，就活动了。既是故事，就得有人物。很多小学生的形象在我脑际融会了，活跃起来了。他们各有各的爱好，各有各的性情，但都好学、向上、有礼貌、守纪律，一个个怪可爱的。

我一家5口，挤在两间8平方多米的房子里，爱人要操持家务，孩子要做功课，不用说安静的写作环境，就连个人容身之地也没有。怎么办？办法总算找到了：在办公室写作，在办公室睡觉；从此办公室就成了我耕耘笔墨的桃花源了。书写完了，得起个书名，有人提出《速算津梁》，未免太古雅；有人提出《怎样才能算得快？》又觉得太啰唆。最后我决定：起名《算得快》，简单明了，一看就懂，而且合乎孩子口味。

1963年，《算得快》出版了，书店里，很多小学生特意来买这本书。公园里，有的孩子聚精会神地看这本书。我开始感到一种从未有过的幸福与快乐，因为我虽然离开了教师岗位，但还是可以为孩子们服务。不是园丁，也是园丁，算得上是一个园外园丁么？我这样反问自己。

20世纪70年代初，正当“读书无用论”“知识越多越反动”“反对五分加绵羊”等谬论甚嚣尘上的时候，中国少年儿童出版社却准备再版《算得快》，要我对原作进行修改。这对我的确是一个大难题：学生以学为主的思想能不能再宣传？德智体全面发展的准则该不该坚持？尊师爱生的道德观念还算不算正确？遵守革命秩序还有必要么？学生的正常活动还合法么？等等，等等。这都使我不得不费一番思考。处处挂碍，事事忌讳！但是我坚持了真理，冲决了网罗，决定修改原作，争取再版。1973年，原稿修改完毕，交给了出版社。但直到“四人帮”倒台以后，它才在编辑郑延慧同志努力下，于1978年与读者见面，并且一下成了畅销书。各地出版社也争相翻印，总共发行了600多万册，还出版了盲文本，译成了朝鲜语、蒙古语、哈萨克语、维吾尔语、藏语等版本。

1972年，《化石》创刊了。这是一本用辩证唯物主义与历史唯物主义的观点宣传古生物、古人类的科学普及杂志。它一出版就受到读者的欢迎，后来甚至得到了毛主席的关注。我曾长期担任该刊主编，主张它应当让有小学文化程度的青少年看懂。为此必须让科学和文学结合起来：写小说、写诗歌。很多人认为这是新腔怪调，不赞成。我就自己带头，写了有关“北京人”“山顶洞人”的小说《猎火记》《打虎》《钻木》等。小说在《化石》上发表以后，又引起了一些编辑的注意。

1975年初，少年儿童出版社编辑朱润龙同志从上海来北京，要我写一本《“北京人”的故事》，我接受了这一任务。可是这年我在“五七”干校劳动，住集体宿舍，每人只有一张单人床，只能在紧张的劳动中和劳动之余，开动大脑机器，构思书中的每一个情节。每当我有了一星半点成熟的想法，就掏出笔记本记下来。9个月干校生活结束的时候，《“北京人”的故事》也就完稿了。

在写这本书的时候，我碰到了很多问题，这些问题和解决方法甚至可以专门写一本书。比如，故事里那些人应不应该各有一个名字？按照考古学的观点，原始人都是无名英雄，那就不应该有名字了。可是，在一本故事书里，人物没有名字，小读者就会糊涂。用“高个子”“矮胖子”等来称呼吧？人少了好办，人多了还是会糊涂的。所以非得给每个人起个名字不可。燧人氏、有巢氏不都是后人起的名字么？

又比如，故事里的人要不要说话？语言是人类专有的，原始人当然也有原始人的语言，但那语言我们谁都没听过。即使听过，照样录下来，谁也不懂得。难道在一本故事书里，大家都不说话，或者说着谁也不懂的话？这本书又如何看得下去？于是我想起了翻译小说，那里面的外国人不都是说着中国话么？于是我决定让原始人说话，说大家听得懂的现代汉语。

这本书里，本来只有十个故事，其中一些科学道理没有明说出来，想让读者自己去思索、体会。可是编辑怕小读者理解不了，要我点破一下。我便在每篇故事前后，加上前言后语，来一个大故事套小故事，借此作些说明。

《“北京人”的故事》出版以后，北京、上海广播电台，中央电视台作了广播，人民美术出版社出版了连环图，河北人民出版社收入历史故事丛书。少年儿童出版社又约我写了一本《大象的故事》和一本《半坡人的故事》。

选编后记

刘碧玛

我敬爱的父亲刘后一离开人世已经两年多了。两年多来，我经常思念父亲，也常常自责：假如那天我坚持不让他去参加那个科协组织的活动，假如我不是因为工作不能脱身而亲自陪伴他去，假如……他也许就不会突发脑溢血而匆匆离去。然而，父亲的脾气我是知晓的，他的一生与科普事业结下了不解之缘，在这类劝阻面前他很少能“从善如流”。

父亲是一位深受广大小读者爱戴的、著名的少儿科普作家，这和他无私地将自己的知识奉献给了“孩子们”不无关系。父亲希望孩子们热爱科学，乐于向孩子们传播知识，作为他的女儿，我是深有感触的。我是20世纪60年代初上的小学，那时候家里经济不宽裕，不能奢望买很多的书籍，但父亲经常为我从图书馆借来各类图书，满足了我的求知欲；10岁生日时他送给我的礼物——一本小英汉词典曾令我的同学们羡慕不已；任何时候，只要向他请教跟学问有关的问题，父亲绝对是诲人不倦的好老师！

我最钦佩的是父亲的博闻强记和写作时善于旁征博引。

曾有人这样评说他著的《人鼠大战》:“从五六千万年前的始新世谈到20世纪80年代，从亚洲谈到欧洲、澳洲和美洲，从动物学谈到化学、物理学，从《诗经》、唐宋诗文谈到鲁迅杂文，从《史记》谈到《圣经》，真可谓海阔天空，无所不包了。但他决不信口开河，胡说八道，即使是谈《聊斋志异》中的科学问题，他的态度也是很严谨的。”如此深厚的功力，没有勤奋刻苦的精神是难以成就的。

父亲自幼酷爱读书，但他小时候家境贫寒。由于他的父母去世早，他连课本和练习本也买不起，全靠他的姐姐苦苦挣扎着送他上学。寒暑假一到，他就去当商店学徒、修路工、制伞小工、家庭教师等，过着半工半读的生活。好不容易读完初中，父亲听说湖南第一师范招生，而且那个学校不交学费、还有饭吃，他便去投考，居然“金榜题名”了。这是父亲生平第一件大喜事，也决定了他一生的道路。

父亲之所以获得渊博的知识和后来写出大量的科普作品，完全是和他的勤奋好学分不开的。记得我上小学和中学的时候，父亲经常不回家，有时候回家吃完晚饭后又匆忙骑自行车回到单位，为的是将当时我家非常拥挤的两间八九平方米的房子让给我和两个妹妹写作业，而他自己只好不辞辛苦往返两小时回到他的办公室去搞科学研究和进行科普创作。20世纪70年代初期，父亲去干校劳动，在给家里的来信中，常常夹着他创作的科普作品，那是父亲要我帮他誊写的稿件。原来，因为干校条件很差，父亲搞科普创作，只能在休息时进行构思和在笔记本上作一些记录，根本没有条件用稿纸来写作。《“北京人”的故事》就是在那样艰苦的环境中创作完成的。

《“北京人”的故事》主要介绍了五六十万年前至18000年前活动在北京周口店一带的猿人生活情形，着重介绍了他们对火的认识过程，以及取火、保持火种、利用火来同野兽等恶劣环境作斗争的经过。该书1977年7月由上海人民出版社出版之后，北京电台马上选其制成节目，对首都少年儿童连续广播。故事的感人情节在广播员的动情讲述下，一下子把少年儿童吸引住了。一封封的信飞向电台，飞向作者，表达了少年儿童对故事的喜爱，也表达了他们热爱科学的心情。1979年10月，河北人民出版社将《“北京人”的故事》分为两本：《“北京人”的故事》(讲的是五六十万年前后的事情）和《山顶洞人的故事》(讲的是18000年前的事情)。该书曾获全国第二届少年儿童优秀文艺作品奖、河北文艺作品奖。

《半坡人的故事》艺术地展现了六七千年前生活在陕西半坡一带的原始人的生活情形，详细地介绍了他们围猎、种植、驯兽、织布、制陶、交易的具体过程，从中读者还可以知晓文字的起源和数字的来历。该书1979年10月由少年儿童出版社初版，编入“少年自然科学”丛书，1980年由河北人民出版社再版，将它编入“历史小故事”丛书。

父亲这3本描写原始人生活的科幻故事出版后，在社会上引起了很大的反响。著名科普作家高士其写出了《推荐〈“北京人”的故事〉》的文章，发表在1977年《化石》杂志上；《人民日报》等报刊上也刊出了评论文章，如《一本少年儿童喜爱的读物——推荐科学小说〈“北京人”的故事〉》《科普园地的可喜尝试——读〈“北京人”的故事〉》《怎能忘人类童年的魅力——读〈半坡人的故事〉随想》《饶有趣味　启人智慧——〈半坡人的故事〉读后》等。

曾几何时，社会上有过这样一种论点，认为人才有“潜”“显”之分。“潜人才”对社会的奉献远大于从社会中获得的回报，而“显人才”却恰恰相反。一切客观公正的熟人都公认：“潜人才”这一称谓于父亲当之无愧。金无足赤，人无完人，父亲也并非“完人”。虽然他在科普创作天地中驰骋自如，但在现实的人际关系中却城府不深，缺乏圆滑的应变能力，这使得他与党籍、应属于他的职称失之交臂。为此，一些了解他的朋友都为他深感不平。

然而，在父亲的心目中，身外之物远远不及他所钟情的科普创作重要，因此在种种不公正的待遇面前，他能够泰然处之，而不是患得患失。他所具有的风骨令我敬重，那就是“君子修道立德，不为穷困而败节”。记得他说过这样一段话：我们搞古生物的人应该胸襟宽广、达观，因为宇宙无穷大，个人一生实在太渺小了，何必百忧感其心，万事劳其神，而况思其智之所不及，忧其力之所不能也！（大意如此）这段话表明了父亲在名利面前的豁达大度，一直为我所铭记。

父亲具有勤俭节约的美德，他生平反对浪费，虽然他享有“高干医疗待遇”，但他却在唯一的也是最后一次住院治疗时，拒绝了住高干病房的待遇，而是在 6 个人一间的病房中一住 4 个多月，父亲说这是因为他不忍心让国家为他支付更多的费用。父亲一生中仅科普著作就有 40 余本，光那本著名的《算得快》便发行了 1000 多万册，但他所得到的稿酬并不多。尽管如此，他经常拿出稿酬买书赠给渴求知识的青少年。他还曾资助了 8 个“希望工程”的小学生背起书包走入学堂，并将《算得快》《珍稀动物大观》等书的重印稿酬全部捐赠给中国青少年基金会编辑出版的大型丛书“希望书库”。

令父亲欣慰的是，对于他在科普创作中所取得的突出成就，党和国家给予了很高的荣誉，他所获得的各种奖励证书有几十本之多，1996 年他还被国家科委和中国科协授予“全国科普先进工作者”称号。值此中华人民共和国成立 50 周年之际，欣闻湖南教育出版社将父亲写的《“北京人”的故事》等作品编入该社出版的“中国科普佳作精选”之中，我谨代表九泉之下的父亲在此深表谢意。

1999 年 4 月 14 日写于北京